Michael Albus

KATHOLISCH.
SCHWUL.

DAVID BERGER

Michael Albus

KATHOLISCH.
SCHWUL.

DAVID BERGER

SCHLUSS MIT DEM HEILIGEN SCHEIN

Claudius

DR. MICHAEL ALBUS

Jahrgang 1942, Studium der Theologie und Germanistik, Honorarprofessor an der Universität Freiburg, lange Jahre beim ZDF verantwortlich für kirchliche Berichterstattung und das Kinder- und Jugendprogramm, u.a. Kommentator in „heute" und „heute journal". Zahlreiche Buchveröffentlichungen zu gesellschaftlichen und religiösen Themen.

Bibliografische Informationen Der Deutschen Nationalbibliothek
Die Deutsche Nationalbibliothek verzeichnet diese Publikation in der Deutschen Nationalbibliografie; detaillierte bibliografische Daten sind im Internet über <http://dnb.d-nb.de> abrufbar.

© Claudius Verlag München 2015
Birkerstraße 22, 80636 München
www.claudius.de

Umschlaggestaltung und Layout Innenteil: Mario Moths, Marl
Foto Umschlag: © Jo Goede
Lektorat: Das Verlagsbüro, Andernach
Druck: Clausen & Bosse, Leck

ISBN 978-3-532-62473-9

Inhalt

Vorwort

David Berger ist einer breiteren Öffentlichkeit im Jahr 2010 durch sein Buch „Der heilige Schein – Als schwuler Theologe in der katholischen Kirche" bekannt geworden.

Als ich sein Buch gelesen hatte, war ich zornig über das abschreckende Bild, das die katholische Kirche – wieder einmal – abgab. Ärgernisse noch und noch. Meist werden von den Verantwortlichen in der Kirche hierfür die „bösen" Journalisten verantwortlich gemacht. Sie seien nur auf Skandalgeschichten aus und wüssten nichts von der „anderen" Kirche. Ich weiß: Es gibt auch die andere Kirche. Viele Menschen kenne ich in ihr, die auf den Anruf des Evangeliums eine radikale und sympathische Antwort geben. Sie kommen selten in die Schlagzeilen, weil sie den „letzten Platz" gewählt haben, den das Evangelium meint.

David Berger schien mir ein Wanderer zwischen den Kirchenwelten zu sein. Ich habe mich gefragt, warum er es so lange in der konservativen, satten, manchmal auch gewalttätigen Kirche ausgehalten hat. Das wollte ich ihn schließlich selbst fragen. Ich wollte verstehen lernen, was ihn zu seiner Wende gebracht hat.

An einem Tag im April 2014 habe ich dann in Berlin mit ihm darüber gesprochen und das Gespräch auf Band festgehalten. Was er gesagt hat, habe ich nur geringfügig umgearbeitet und ein wenig strukturiert. Aus dieser Weise des Vorgehens ergab sich dann auch die Methodik und die Struktur des Textes: Zum einen ist da der Bericht von David Berger über die inneren und äußeren Stationen seines Lebens, zum andern ergab sich aus dem Fluss des Erzählens immer wieder die Gelegenheit oder auch die Notwendigkeit der Nachfrage, des Wortwechsels, und schließlich habe ich an einigen Stellen das Gehörte durch eigene Gedanken und Anmerkungen vertieft. Die Fremdtexte sind ein Angebot, das Gehörte auf eine andere Ebene des Nachdenkens zu bringen.

Die Erzählungen David Bergers haben etwas Unfertiges an sich. Das passt zu den Wendungen, die das Leben nimmt: Nichts ist fertig. Alles ist im Fluss.

Michael Albus

David Berger – Es kommt darauf an, was ich aus dem mache, was aus mir gemacht worden ist

Lebenswenden

Es schlug im Jahr 2010 ein wie eine Bombe. Katholisch und schwul: ausgerechnet David Berger, einer der intellektuellen Aushängeschilder des konservativen Katholizismus outet sich. Augenscheinlich: da fand eine große Lebenswende statt. Wie aber konnte es dazu kommen? Hatte sie sich langsam vorbereitet? Und war das Outing eine Lebenswende?

Begleiten wir David Berger durch seine Erinnerungen. Bedeutete das Entdecken der eigenen Sexualität und des Schwulseins eine Wende? Was führte ihn als jungen Mann dazu, sich gegen das Priesteramt zu entscheiden, obwohl dies ein lang gehegter Traum war? Was faszinierte ihn an der Piusbruderschaft und an den erzkonservativen Kreisen?

Vor allem: Wie konnte David Berger die Kraft finden, sich aus alten, tief sitzenden Ängsten zu befreien? Hören wir ihm zu und tauchen wir mit ihm ein in seine Erinnerungen und betrachten wir diese besondere(n) Lebenswende(n).

Normalerweise geht alles seinen gewohnten Gang. Der Mensch wird gezeugt. Er wird geboren. Er liebt. Er hasst. Er leidet. Er trauert. Er freut sich. Er wird alt. Er stirbt. Das kann mal eine längere, mal eine kürzere Strecke sein, das Leben.

Man kommt hinein, ohne gefragt zu werden. Man muss hinausgehen, ohne Einwilligung. Es ist bestimmt.

Die einen trifft es hart. Die anderen weniger hart. Es trifft jeden – irgendwie, irgendwann. Zeitpunkt unbekannt. Oft trifft es einen schleichend.

Das sind die Fakten. Aber was besagen die Fakten? Sie beschreiben nur unzureichend das geheimnisvolle Leben zwischen Geburt und Tod. Viel Freiheit bleibt nicht.

Wie sagt Jean Paul Sartre? „Freiheit ist das, was ich aus dem mache, was aus mir gemacht worden ist." Das meiste ist gemacht, wenn ich anfange zu machen.

Oft sind die Wenden keine Punkte oder fixe Daten. Meist sind es schleichende, fließende, strömende Übergänge. Sie greifen ineinander, gehen ineinander über. Zweideutigkeiten, Mehrdeutigkeiten sind die Regel.

Lebenswenden, wirkliche, tief innere, zeichnen sich dadurch aus, dass wir etwas tun müssen. Sie tragen den Charakter der Unabweisbarkeit und Unausweichlichkeit. Wir können uns verweigern. Die Freiheit haben wir. Wenn wir uns verweigern, uns für Stillstand und Ruhe entscheiden, hat sich auch etwas gewendet. Stiller und ruhiger werden wir aber dadurch nicht. Verweigerung sind kleine Tode – vor der Zeit.

Sieht man unter diesen Prämissen auf das Leben von David Berger, erscheint fast alles konsequent. Dann sind seine Brüche, sein Gelingen, die Tiefen und Untiefen, sein Scheitern und Neubeginnen folgerichtig.

David Berger wusste oft nicht – im Augenblick und danach – wie ihm geschah. Weniges nur konnte er wirklich bestimmen. In Manches wurde er hineingezogen. Vieles wurde ihm geschenkt. Erst nach und nach hat er vage Umrisse eines Sinnes erkannt.

Wer dem Lauf des bisherigen Lebens von David Berger folgt, wer seinen Erzählungen genau zuhört, dem kann ein Licht aufgehen, das den eigenen Weg erhellen kann.

David Berger hat das Verlangen, den Durst nach einem unendlichen Glück im endlichen nicht zur Ruhe kommen zu lassen.

Darin könnte er für uns ein Vorbild sein. Vorausgesetzt, wir wollen auf das Verlangen nach Glück nicht verzichten.

Hören wir ihm zu.

Michael Albus

Die Sicherheit
einer fest gefügten Welt

Frühe Kindheit

Ich fange in der Kindheit an: Zuerst war da meine katholische Großmutter und mein kirchlich nicht interessiertes, fast schon atheistisches Elternhaus. In die katholische Welt bin ich vor allem durch meine Großmutter hineingekommen.

Da waren zunächst die Heiligenlegenden, barock und üppig. Sie haben meine kindliche Seele direkt erreicht. Es war nicht anders wie mit den Heiligenlegenden des Mittelalters, die die Welt des Glaubens reich und eindringlich bebildert haben. Dies und manch anderes, was ich, bis zum Alter von vierzehn Jahren ungetauft, in mich aufgesogen habe, hat dazu geführt, dass ich mich in der Welt des Katholischen, in dieser einfachen, sinnlichen, direkten Religiosität ausgesprochen wohl gefühlt habe.

Prägend waren für mich die festgefügten, fraglosen Ordnungsstrukturen. Ich musste nichts selber entscheiden. Alles war von einer höheren Ordnung vorgegeben. Es gab Feiertage, die in feste Zeiten eingebunden waren, die Festzeiten. Es gab bestimmte Rituale, die man sich nicht selber machen oder aussuchen konnte. Und weil mir das, wie gesagt, von seinem historischen Aspekt her gar nicht bewusst war, hatte es die Aura des Zeitlosen an sich. Das waren einfach eine Stimmung, ein heiliger Schein, eine Aura eben. Da sitzt man als Kind nicht da und sagt: „Oh, dieser Ritus ist fünfzehnhundert Jahre alt und ist da und da und so und so entstanden." Das ist gar nicht relevant. Entscheidend ist die Selbstsicherheit des Rituals – übrigens auch die Selbstverständlichkeit derer, die das Ritual vollziehen. Das war damals offensichtlich noch gegeben. Es gab keine Verunsicherung, obwohl es schon die neue Liturgie nach dem Zweiten Vatikanischen Konzil war, die ich kennengelernt habe. Für viele Menschen ist diese erneuerte Liturgie mit vielen Verunsicherungen einhergegangen. Für mich war das überhaupt nicht so, weil ich gar nichts anderes gekannt habe. Ein Davor existierte für mich nicht. Es bot einfach die Sicherheit einer fest gefügten Ordnung, das Strukturiertsein, das Aufgehobensein in einer Ordnung, in der man sich seinen Platz nicht erst erobern oder suchen musste. Der Ort der Sicherheit war vorgegeben. Das nahm viel von der sonst erforderlichen Anstrengung. Es war vor allem die Geborgenheit bei meiner Großmutter, die sekundär auf die Religion überging und umgekehrt. Beides gehörte zusammen, war untrennbar miteinander verbunden. Und bot Heimat.

Das Ganze hat sich aber in einer Spannung abgespielt. Da war auf der einen Seite meine Großmutter als religiöse Motivatorin. Auf der anderen Seite waren meine Eltern, die mit „dem ganzen Zeug nicht viel zu tun" hatten. Mein Vater war auf Grund seiner erklärt atheistischen Grundeinstellung ganz außen vor. Aber eigentlich auch meine Mutter. Sie war zwar von meiner Großmutter katholisch erzogen worden und hatte die katholischen Rituale kennengelernt. Sie hatte ihre Ausbildung bei Ordensschwestern gemacht. Unter dem Einfluss meines Vaters und der 68er-Bewegung aber hatte sie sich von der katholischen Religiosität distanziert.

Dadurch entwickelte sie zudem einen kritischen Blick auf hierarchische Strukturen und auf Fragen der Kirchenpolitik. Aber daran war meine Großmutter überhaupt nicht interessiert. Anfangs habe ich das nicht als Spannung empfunden. Jedenfalls kann ich mich nicht daran erinnern. Ab einem gewissen Zeitpunkt aber schon, wenn es um abfällige Äußerungen meines Vaters zu bestimmten kirchlichen Themen ging und Großmutter das nicht gut fand. In diesem Zeitraum tauchte Religiosität für mich als eine bestimmte Form des Widerstands auf – und war identitätsstiftend.

Das hat sich immer wieder in kleineren Auseinandersetzungen zwischen meinen Eltern und der Großmutter entladen, wenn es zum Beispiel darum ging, ob am Freitag Fleisch gegessen oder am Sonntag die Wäsche zum Trocknen aufgehängt wird. Oder, wenn es am Sonntag um den Kirchgang ging und Vater Großmutter und mich bei schlechtem Wetter mit dem Auto zur Kirche fahren sollte und er sagte: „Geht selber, wenn ihr dahin gehen wollt!"

Und das haben wir dann tatsächlich auch getan. Solche „Zubringopfer" sorgen natürlich dafür, dass einem die Sache, für die man Opfer gebracht hat, erst recht wichtig wird.

In religiösen Fragen, wozu auch später meine Taufe mit 14 Jahren als Bekenntnis zum katholischen Glauben gehörte, kam es immer wieder zu Entladungen in der Familie, spürte ich die Spannungen.

Durch solche Erfahrungen entwickelten Religion und Religiosität für mich immer mehr eine Widerstandsfunktion. Das hat sich sicher auf meine Persönlichkeitsentwicklung ausgewirkt. Der Katholizismus, den ich später gewählt hatte, war ein Außenseiterkatholizismus. Ich lernte meine natürlich gewachsene Religiosität zu verteidigen und wurde so mehr und mehr zu einem, um den alten lateinischen Ausdruck zu gebrauchen, „defensor fidei", zu einem Verteidiger des Glaubens. Ich sah meine religiöse Welt, die ich als runde und schöne Welt erlebte und erfuhr, häufig der Kritik ausgesetzt.

Mit fünfzehn, sechzehn Jahren tauchten schon auch einmal leise Zweifel auf, ob in dieser schönen katholischen Welt auch wirklich alles stimmte. Aber diese Zweifel blieben winzig klein. Denn diese Zweifel hätten meine Position geschwächt. Das wollte ich um keinen Preis. So habe ich mich unbeirrt an meinem Standpunkt festgeklammert.

In dem Augenblick, als Sexualität mit ins Spiel kam und ich merkte, da ist was, was nicht kompatibel ist mit der runden religiösen Welt, beharrte ich erst recht auf meiner Position, weil sie ja die richtige war. Ich sagte mir: „Du darfst dich nicht anfeinden lassen und dich nicht den Einflüsterungen des Bösen hingeben, der dich vom guten Wege abzubringen versucht."

Und alles, was die katholische Welt der Bilder zur Verfügung stellte, war für mich hilfreich, um Zweifel und Anfragen beiseite zu schieben. Aber, wie gesagt, sie waren damals immer winzig klein geblieben. Sie hatten nie richtig Raum gewonnen. Vielleicht hintergründig auch aus strategischen Überlegungen.

Spannungsreiche Dreifaltigkeit

Vater, Mutter und Großmutter

Ich möchte noch einmal auf Vater, Mutter und Großmutter zurückkommen.

Mein Vater war durchaus konsequent und auch streng in den meisten Punkten. Nicht in dem Sinne, dass wir jeden Tag antreten und körperliche Züchtigungen hätten ertragen müssen. Aber schon so, dass er darauf geachtet hat, dass wir uns in der Schule anstrengen, dass wir regelmäßig unsere Aufgaben erledigten. Wir sind in die täglichen Arbeiten eingebunden worden. Mein Vater war neben seinem Beruf als Arzt ein leidenschaftlicher Naturliebhaber. So gingen wir auch mit ihm in die Wälder und machten Holz für den Winter. Ich empfand dies nicht als angenehm. Im Nachhinein sagt man sich: „Natürlich Bürschchen, das war gut für dich, dass du da mit rausgehen musstest und nicht die ganze Zeit zu Hause mit Computerspielen verbracht hast." Als Kind habe ich das alles aber nicht in dieser Weise wahrgenommen. Solche Einsicht entspringt einem später erst möglichen Verständnis.

Meine Mutter hat sich in meiner Erziehung stark zurückgehalten. Nicht so, dass sie mich hätte verwahrlosen lassen. Aber ab einem gewissen Zeitpunkt war sie weniger Mutter als große Schwester. Vor allem nach der Geburt meiner Schwester. Mit ihr hat sie sich dann über Jahre hinweg intensiv beschäftigt. Ich habe das aber nicht als Zurücksetzung empfunden, weil meine Großmutter dann die Mutterrolle für mich übernommen hatte.

Großmutter war für mich so etwas wie die „Mutter Kirche". Auf der einen Seite war sie die, die mir Zuneigung, Aufmerksamkeit und Liebe schenkte, zum anderen stand sie innerhalb der Familienstruktur für den Katholizismus. Aber das war kein Kreuznetkatholizismus, das muss ich deutlich betonen. Sie hat mir nie mit der Hölle gedroht oder abfällige Äußerungen über Protestanten oder über andere Religionen gemacht. Das war ihr völlig fremd. Sie war eine klassische Traditionskatholikin, für die die katholische Glaubenswelt einfach und schön war. Und sie wollte und wünschte sich, dass ich mich in der katholischen Welt wohl fühlte. Meinen aufkeimenden Wunsch, Priester zu werden, hat sie natürlich gefördert.

Eine endlich
nachgeholte Geschichte

Taufe mit 14 Jahren

Getauft hat mich der Pfarrer, der damals auch bei meiner Familie erreicht hatte, dass ich zur Ersten Heiligen Kommunion gehen konnte. Das war auch mein Wunsch, obwohl wir schon an einen anderen Ort gezogen waren. Ich war zu diesem Zeitpunkt vierzehn Jahre alt und schon so tief in der katholischen Welt eingewurzelt, dass die Taufe für mich keine Konversion war.

Sie war eigentlich nur noch der Vollzug von etwas, was schon da war. Der Taufakt war für mich eine endlich nachgeholte Geschichte. Ich bin zur Taufe gegangen unter dem Vorzeichen, dass ich eigentlich schon durch die „Bluttaufe" Christ war und sein wollte, und es bisher nur durch die Umstände noch nicht möglich war. Insofern war die Taufe für mich ein wichtiges äußeres Ritual für etwas, was ich in innerlich schon vollzogen hatte.

Meine Eltern waren bei meiner Taufe dabei. Meine Mutter sowieso, weil sie wusste, dass ich mich dafür entschieden hatte. Deswegen konnte sie auch damit leben. Mein Vater konnte zu dieser Zeit auch damit leben. Schließlich war die Taufe auch eine Familienfeier. Schon deshalb war es für ihn kein Problem, mit dabei zu sein. Er war zwar nicht begeistert. Aber schließlich sah er ein, dass für mich die Sache schon gelaufen und nur noch eine äußere Bezeugung dessen war, wohin ich seit Jahren tendiert hatte.

Befreiende
Momente

Erste Beichte

Der Pfarrer, bei dem ich meine erste Beichte ablegte, war ein fort-schrittlicher Mann, im Gegensatz zu den konservativen Pfarrern, die ich später kennenlernen sollte. Meine erste Beichte war eher ein Beichtgespräch. Mit dem Pfarrer bestand schon ein gewisses Vertrauensverhältnis. Ich hatte ihn schon im Religionsunterricht und in der Kommunionvorbereitung kennengelernt. Er hatte sich dafür eingesetzt, dass das überhaupt für mich möglich werden konnte. Das Beichtgespräch war nicht belastend für mich. Aber es gab schon ein paar Dinge, bei denen ich ein schlechtes Gewissen hatte. Ich musste mir nicht etwas ausdenken, damit ich etwas beichten konnte. Das ist ja oft bei diesen viel zu frühen Beichten so, bei denen sich Kinder etwas auf Zettel aufschreiben, damit sie etwas zu sagen haben. Es gab befreiende Momente, in denen ich wusste: So, das ist jetzt im Guten abgeschlossen.

Von dem System, das hinter der damals gängigen Beichtpraxis stand, wusste ich nichts. Im Übergang vom Kindes- zum Jugendal-ter beschäftigt man sich nicht mit solchen Fragen.

Ich wusste noch nicht einmal, dass Paul VI. zu jener Zeit Papst war. Irgendwie wusste ich nur, dass es überhaupt einen Papst gab. Die Tatsache des Papstamtes und dieses konkreten Amtsträ-gers wurde mir erst richtig bewusst, als Paul VI. gestorben war. Im Fernsehen lief die Übertragung seiner Beerdigung in Rom. Dadurch fiel die aktuelle Folge der Fernsehserie „Columbo" aus. Freunde waren zum Fernsehen gekommen und mein Vater wur-de furchtbar grantig, die Freunde böse, weil sie den Film nicht sehen konnten. Da habe ich zum ersten Mal mitbekommen, dass es überhaupt Paul VI. gegeben hatte.

Aber das waren alles Dinge, die für mich keine wirkliche Rolle gespielt haben. Kirche bestand damals in meiner konkreten Wahrnehmung aus meiner Großmutter und den Geistlichen. Dazu kam noch ein weiterer erstaunlicher Aspekt: Der Geistliche, der uns familiär am nächsten stand, war Großmutters „Partner", mit dem sie quasi zusammenlebte. Sicher ohne Sexualität, aber so, dass man mit Fug und Recht von Lebenspartnerschaft sprechen konnte. Meine Großmutter wohnt noch immer im Haus, in das sie 1948 in Würzburg eingezogen ist.

Gegenüber war ein Franziskanerkloster. Dort war damals ein junger Novize, ein Niederländer, eingezogen. Er hat zunächst meine Mutter und ihre Schwester durch die franziskanische Jugend kennengelernt. Über fünfzig Jahre lang kam er dann jeden Nachmittag zu meiner Großmutter zum Tee trinken und Kuchen essen. Immer war „der Willibrord" präsent. Er hieß bei uns Kindern nur „der Pater". Fast nie hatte er sein Ordensgewand an, er hatte keine klerikalen Allüren, er war normal.

Zunächst war alles sakrosankt

Erste Fragen an das Selbstverständliche

Erste Zweifel über oder Fragen an das Selbstverständliche kamen bei mir relativ spät auf. Zunächst einmal war das alles sakrosankt, zum anderen war die katholische Welt, in der ich zuhause war, überschaubar.

Das hat sich erst dann gewandelt, als ich in der neunten Klasse ins Internat zu den Benediktinern nach Münsterschwarzach kam. Unsere Präfekten waren ehrenwerte Geistliche. Trotzdem konnte man merken, dass einige unter ihnen ihren Priesterberuf weniger ernst nahmen. Sie waren frustriert, hatten andere Interessen und das geistliche Leben spielte für sie eine untergeordnete Rolle. Das war nichts Ehrenrühriges. Da gab es zum Beispiel einen Präfekten, dessen Welt war die Musik. Er erzählte uns, dass er nur in dieses Kloster eingetreten war, weil dort eine tolle Orgel stand und weil er sich musikalisch entfalten konnte. Noch einmal: nichts Besonderes und nichts Ehrenrühriges!

Auf dem Grund solcher Erfahrungen hat sich mir die Frage gestellt: Möchtest du wirklich Priester werden? Ich war 16 Jahre alt. Die leisen Zweifel spielten anfänglich keine größere Rolle, weil ich damals schon erste gedankliche Annäherungsversuche und erste Kontakte zur Piusbruderschaft hatte. Damit war für mich klar: Die, bei denen ich „weiche" Züge bemerkt hatte, waren die Modernisten und die Piusbruderschaft bildete den Ort, an dem die Welt noch heil und der Katholizismus noch in Ordnung war.

Sexualität kommt ins Spiel

Erste Brüche

Zu Brüchen kam es immer dann, wenn Sexualität ins Spiel kam. Hier entstanden große Probleme für mich. Intellektuell hatte ich keine. Ich war in der katholischen Welt zu Hause. Schon vor dem Eintritt ins Klosterinternat hatte ich den Kirchenlehrer Thomas von Aquin gelesen. Der Franziskaner Willibrord in Würzburg verfügte über eine große Klosterbibliothek und beschaffte mir alle einschlägigen Bücher von dort, weil sie oft mehrfach vorhanden waren und sonst im Container gelandet wären. Das galt auch für Breviere und Messbücher, die ich im Grunde vor dem Altpapiercontainer bewahrt habe. In dieser intellektuellen katholischen Welt existierten für mich keine Brüche. Das fing erst dann an, als ich begann, mich geistig mit den Einwänden auseinanderzusetzen, das Moderne wegzuschieben und nur das Traditionelle schön zu finden.

Parallel damit ging eine Verunsicherung der eigenen religiösen Identität durch die Sexualität einher. Dabei war es nicht das Thema Homosexualität, das konnte ich damals gar nicht so genau benennen. Zwar habe ich in meinen Phantasien bemerkt, dass ich auf andere Jungs in meinem Alter stand. In der Schule hat mir der Wortschatz dafür gefehlt. Auch bei meinen Eltern war das Thema nie vorgekommen. Unterschwellig aber war es da. Mein Problem war nicht: Du bist homosexuell. Ich wusste auch nicht, dass es in der Bibel bestimmte Stellen gab, in denen Homosexualität heftig abgelehnt wurde. Das Problem war und wurde für mich, dass überhaupt Sexualität da war.

Es wurde für mich zum Problem, dass ich immer wieder gegen das Sechste Gebot verstieß – auch mit Blick auf meinen damaligen Berufswunsch Priester. Ich dachte: Wenn Du Priester wirst, dann muss alles frei von Sexualität sein. Aber gleichzeitig war der Trieb da, er meldete sich immer wieder. Um die Zeit meiner Taufe herum schämte ich mich, das überhaupt zu beichten. In Münsterschwarzach ging ich jede Woche zur Beichte in der Hoffnung, dass dies das beste Heilmittel gegen diese Sünde sei. Ich habe meine Beichtväter offensichtlich damit genervt. Einmal sagte mir einer: „Das ist ganz natürlich, das musst du nicht beichten!" Das hat mich überhaupt nicht zufrieden gestellt oder beruhigt. Der Konflikt blieb und zog sich durch alles hindurch: die Verunsicherung des eigenen religiösen Lebens durch die Sexualität und dann der Versuch, dieser Verunsicherung dadurch entgegenzuarbeiten, dass man besonders fromm ist, dass man besonders häufig zur Beichte geht und auf der intellektuellen Ebene besonders streng katholisch ist. Daraus hat sich bei mir meine streng katholische Schiene entwickelt.

Auf der anderen Seite fand ich im Internat der Benediktiner ein Klima vor, in dem ich mit Gleichaltrigen und auch mit einem Präfekten, der offen mit seiner homosexuellen Veranlagung umging, über mein Homosexualität reden und mich dann auch recht früh in meinem engsten familiären Umfeld outen konnte. Damit war das Problem der Homosexualität, aber nicht das der Sexualität generell gelöst.

Das, was ich in Münsterschwarzach erlebt habe, der katholische Kosmos der Liturgie, war mir nicht mehr katholisch genug, um meine sexuellen Probleme zu sublimieren. Ich dachte: Bei der Pius-Bruderschaft ist doch alles viel ernster und strenger. Dort fand ich mein Heilmittel und meinen Heilungsort.

Hatte ich Kontakt zu Mädchen? In der Grundschule kam es schon einmal vor, dass ich mit Mädchen Hochzeit gespielt habe. Ich erinnere mich an eine Freundin in der Nachbarschaft. Mit ihr spielte ich auch die üblichen Kinderspiele. Aber mit elf, zwölf Jahren merkte ich, dass mir Kinderspiele mit Jungs wesentlich mehr Spaß machten.

Ich kann mich sehr gut an eine Episode erinnern, in der ein Wort meiner Mutter sehr befreiend auf mich gewirkt hat: Ich war bei einem Cousin zu Besuch. Er war zwei Jahre älter als ich und ging auf ein kirchliches Internat in Bad Königshofen. Dort hatte er, wie er sagte, ein „tolles Spiel" gelernt, das er mir jetzt zeigen wollte. Wir haben dann die üblichen Kinderspiele gespielt, unter uns „Dokterles" genannt. Das war toll für mich. Danach aber hat er zu mir gesagt: „Ich weiß nicht, ob wir das wieder machen können." Der Pfarrer hatte nämlich zu ihm gesagt: „Du kommst in die Hölle, wenn du das machst!" Ich bin dann zu meiner Mutter und habe ihr das erzählt. Meine Mutter darauf: „So ein Blödsinn! Deswegen kommt ihr doch nicht in die Hölle, weil ihr das gespielt habt. Das ist ganz normal, dass ihr das in eurem Alter spielt und wenn euch das Freude macht, dann spielt das." Das war für mich ein befreiendes Erlebnis. Da ich weiß, was ein einziger falscher Satz in solch einer Situation auslösen kann, bin ich meiner Mutter dafür bis heute sehr dankbar.

ENTEHRENDE LEIDENSCHAFTEN
HOMOSEXUALITÄT IN DER BIBEL

Altes Testament

Schläft einer mit einem Mann, wie man mit einer Frau schläft, dann haben sie eine Gräueltat begangen; beide werden mit dem Tod bestraft; ihr Blut soll auf sie kommen.

Buch Levitikus, Kapitel 20, Vers 13

Nach dem Gespräch Davids mit Saul schloss Jonatan David in sein Herz. Und Jonatan liebte David wie sein eigenes Leben… Jonatan schloss mit David einen Bund, weil er ihn wie sein eigenes Leben liebte. Er zog den Mantel, den er anhatte, aus und gab ihn David, ebenso seine Rüstung, sein Schwert, seinen Bogen und seinen Gürtel.

1.Buch Samuel, Kapitel 18, Verse 1-4

Neues Testament

Weder Unzüchtige noch Götzendiener, weder Ehebrecher noch Lustknaben, noch Knabenschänder, noch Diebe, noch Habgierige, keine Trinker, keine Lästerer, keine Räuber werden das Reich Gottes erben.

1. Korintherbrief, Kapitel 6, Verse 9f

Darum lieferte Gott sie entehrenden Leidenschaften aus: Ihre Frauen vertauschten den natürlichen Verkehr mit dem widernatürlichen; ebenso gaben die Männer den natürlichen Verkehr mit der Frau auf und entbrannten in Begierde zueinander; Männer trieben mit Männern Unzucht und erhielten den ihnen gebührenden Lohn für ihre Verirrung.

Römerbrief, Kapitel 1, Verse 26f

Faszination und Angst

Jugendträume – Berufswünsche

Klare Berufswünsche oder Jugendträume hatte ich nicht. Der Priesterberuf war der einzige Beruf, den ich mir zunächst vorstellen konnte. Das ging so weit, dass ich, nachdem ich mich unmittelbar nach dem Abitur gegen den Priesterberuf entschieden hatte, gar nicht wusste, was ich machen sollte. Ich stand ratlos da. Welche anderen Berufe kannte ich schon?

Ich kannte den Arztberuf vom Vater, kannte den der Kindergärtnerin von meiner Mutter und ich kannte den Lehrerberuf, den ich lange als Schüler erlebt hatte und den bereits zahlreiche Onkel und mein Großvater hatten. Dieser Beruf war nun der nächstliegende, weil mich vor allem das Thema Religion wirklich interessierte. Von daher schien mir der Beruf des Gymnasiallehrers der beste zu sein. Alles andere lag zu weit weg.

Kurze Zeit schwebte mir auch vor, Hotelier zu werden, weil mein Onkel in Rothenburg ob der Tauber ein Hotel hatte. Das Hotel fand ich toll, weil dort überall Teppichböden lagen und puffige Vorhänge hingen und alles so sauber und ordentlich war. Es gab Diener und Angestellte und irgendwie entsprach das meinen Kindheitsvorstellungen von einem Schloss.

Aber während der Schulzeit hatte ich neben dem Priesteramt keinen anderen konkreten Berufswunsch. Darauf lief alles hinaus. Als an unserer Schule ein Tanzkurs angeboten wurde, wollte ich auf keinen Fall daran teilnehmen, da ich doch als Priester überhaupt nicht zum Tanzen kommen würde. Die Präfekten an der Schule waren erschüttert. Sie konnten sich nicht vorstellen, dass einer ihrer Schüler schon so festgelegt ist. Ich ließ mich auch durch ein ernstes Gespräch nicht davon abbringen: Ich besuchte den Tanzkurs nicht. Ich war ganz eigensinnig auf den Priesterberuf ausgerichtet. Bis hin zu der Frage der Kleidung. Da ich sowieso im Talar herumlaufen würde, musste ich mich auch nicht mehr um Klamotten kümmern. So ging das bis in die kleinsten, unwichtigsten Kleinigkeiten. Unter diesem Gesichtspunkt habe ich die Frage der Homosexualität – in naiver Weise – als Befreiung empfunden. Wenn mein Vater zu mir sagte: „Wenn du Priester werden willst, kannst du nicht heiraten", antwortete ich: „Kein Problem! Ich will sowieso nicht heiraten. Ich empfinde für Frauen nichts und will somit auch keine Ehe führen." Münsterschwarzach war keine frauenfreie Welt. Im Internat waren zwar nur Jungs, aber die externe Schule war gemischt. Mit den Mädchen dort habe ich mich genauso gut verstanden wie mit den Jungs. Ich habe diese Atmosphäre unheimlich genossen. Ich war weg vom Elternhaus, weg von den alten Konflikten. Die Zeit im Internat in Münsterschwarzach war einfach nur schön.

Mit Homosexualität bei Klerikern bin ich schon früh in Berührung gekommen. Ich habe Priester erlebt, die sich bei mir geoutet haben, ohne dass sie wussten, dass ich selber schwul bin. Ich erinnere mich an einen jungen Priester, mit dem ich mich sehr gut verstanden habe. Er hatte mich und einen Freund von mir mit in die Oper genommen und zum Essen eingeladen hat, aber ohne dass er auch nur einen Versuch machte, die Gelegenheiten sexuell auszunutzen. Er hat offen darüber geredet, dass er schwul ist, er sah darin auch kein Problem, weil er ja keinen Sex praktizierte und als Priester auf Sexualität genauso verzichtete wie ein heterosexueller Mann. Aber sehr schnell habe ich mitbekommen, spätestens ab dem Zeitpunkt, an dem ich selber in der schwulen Welt unterwegs war, dass viele Patres von Münsterschwarzach sich auch an den einschlägigen Orten getroffen haben. Da habe ich zum ersten Mal erfahren, dass es diese schwule Welt gibt. Die Älteren im Internat, die schon ihre Erfahrungen gemacht hatten, hatten mich informiert, dass es einen schwulen Reiseführer gibt, in dem ich auch noch im kleinsten Ort sehen konnte, wo es ein schwules Lokal, eine schwule Diskothek gab, wo man andere Schwule leicht treffen kann. Da tat sich für mich auf einmal eine Welt auf, in der man so viel Sex haben konnte wie man wollte, wo man sich ausleben konnte. Das hat mich fasziniert. Jeder andere würde sagen: „Das ist doch absolut unmoralisch, Sexualität ist doch gebunden an eine persönliche Beziehung!" Aber für mich war es genau das, wovon ich in Wirklichkeit geträumt hatte. Ich fand in dieser Phase meines Lebens Gelegenheiten und Orte, an denen ich meine Sexualität frei ausleben konnte. Die Verlockung war sehr stark. Das war etwas anderes als später 2005 in Köln. Es war in Unterfranken 1987/88!

Aber zu dieser Zeit bestand immer noch mein Wunsch, Priester zu werden. Da begann mein großer Konflikt. In der 11. Klasse habe ich mir dann gesagt: „Bis zum Abitur musst du dich entschieden haben! Welches Leben möchtest du, kannst du leben?"

Ich habe mir alle Vor- und Nachteile der jeweiligen Lebensform aufgeschrieben, wie das so verrückte akademische Menschen machen, die dazu erzogen worden sind, Erörterungen zu schreiben. Das können andere nur schwer verstehen. Aber für mich war es eine Hilfestellung, emotionale Aspekte einer Entscheidung rational greifbar und anschaulich zu machen. Es ist ganz typisch: Das Emotionale spielt eine große Rolle für mich und gleichzeitig ist die Angst vor der Emotionalität da, dass sie überhandnimmt, dass ich sie nicht mehr unter Kontrolle habe, nicht mehr zähmen kann.

Ich bin ein Mensch, der sich keine Sorgen macht, dass er abstürzt, weil sofort die Ratio, der Verstand, die Vernunft eingreifen und sagen: „Pass auf, du kannst heute nicht feiern bis in die Puppen, du hast nächste Woche wieder deine Termine, die du wahrnehmen musst!" Was natürlich dazu führt, dass ich mich zusammenreiße und nicht abstürze wie viele andere, die ich kennengelernt habe. Das kann man positiv sehen: Man sieht, dass man sein Leben auch unter diesem Aspekt genießen kann. Es hat aber auch den negativen Aspekt, dass in hochemotionalen Augenblicken der rationale Aufpasser, der Verstandeskontrolleur dabei ist, der einen einschränkt. Ich empfinde das nicht als Belastung. Im Gegenteil: Gerade deswegen kann ich meine Gefühle so ausleben, weil ich weiß, dass es eine Begrenzung gibt, in der ich mich wohl fühle.

Der englische Schriftsteller Gilbert Keith Chesterton (1874-1936) denkt in einer Geschichte über die katholische Moral nach: Kinder spielen auf einem großen Felsen, der stark abfällt. Die Kinder können ungehemmt und wild darauf spielen, weil ein Zaun außen um den Felsen herum geht, der ein klares Feld absteckt. Nähme man den Kindern den Zaun weg, dann wäre sofort die Angst da, sie könnten abstürzen. Dann werden sie nicht so wild da oben herumturnen können. Deswegen glaube ich noch immer, dass rationale Begrenzungen, ob das die katholische Moral oder die eigenen Moralvorstellungen oder eigenes Pflichtbewusstsein sind, mir ermöglichen, mich freier zu fühlen, eben weil dann dieser Zaun da ist.

Ein stiller Kampf
Verstand und Gefühl als Kontrahenten religiösen Lebens

Michael Albus

Immer wieder zeigt sich in Biografien, die eng mit einer kirchlichen Sozialisation im Kindes- und Jugendalter verbunden sind eine Sollbruchstelle. Sie wird fast zwangsläufig sichtbar.

Der Konflikt zwischen der Welt der Gefühle und der Welt des Denkens, des Verstandes. Sie treibt in einen Konflikt hinein, der ein Leben zerreißen kann.

Der Konflikt hat eine lange Geschichte in der Kirche. Er wird schon sichtbar im frühen christlichen Mönchtum, in den Glaubensathleten der oberägyptischen Wüste im 2./3. Jahrhundert, die den Leib abtöten, das fleischliche Begehren besiegen wollten, um der Vernunft, dem Verstand den Platz zu räumen. Das hatte starke psychische und physische Belastungen zur Folge, die nicht selten zu Überbelastungen wurden und ein ganzes Leben zerstörten oder die Belasteten in zerreißende Spannungen trieben.

Auch bei David Berger wird dieser alte Konflikt sichtbar. Aber er gehört schon zu der Generation, bei der dieser Kampf erlahmte. Der Traditionsbruch in der Praxis religiösen und säkularen Lebens tritt bei ihm noch einmal exemplarisch zu Tage. Er ist nicht nur auf den Bereich der christlichen Religion beschränkt. Andere Religionen und geistige Lebenshaltungen kennen diesen Konflikt und die damit verbundenen Brüche. – Grund genug, diesen Konflikt mit David Berger in ein kurzes Gespräch zu bringen, ihn nach seiner Befindlichkeit in diesem Kampf zu fragen.

Das hast du mitbekommen! Akzeptiere das!

Sexualität contra Entscheidung zum Priesterberuf

Albus:

Der Grundkonflikt zwischen Verstand und Gefühl zieht sich durch alles hindurch. Nicht nur in katholischen Biografien. Ich bin mir heute nicht mehr sicher, ob die Ratio noch so funktionieren kann wie Sie es für sich beschreiben. Auch ich habe bei meiner Großmutter gelernt: Religion ist zuerst Emotion und Sinnlichkeit. Dann habe ich aber das Anwachsen von Emotionen erlebt, die mich bedrohten. Ich habe gespürt: Ich kann die Gefühle noch eine Zeit lang, aber immer schwieriger, innerhalb des „Zaunes" der Vernunft halten, dann aber brechen sie durch den Zaun, wie eine Lawine. Ich glaube zunehmend weniger, dass die Hochspannung zwischen Gefühl und Verstand lebbar auszutarieren ist.

Berger:

Das ist schwierig, wenn man den Konflikt nicht nur auf Gefühl und Verstand beschränkt und sagt: Religion ist gleich Ratio. Obwohl die Tendenz bei mir stark ist, Religion auf die Ratio zu beschränken. Heute spielt die katholische, rationale Moral für mich nicht mehr die zentrale Rolle der Grenze wie früher. Eher zeigt sich Ratio bei mir darin, dass ich mir aus eigener Einsicht und Erfahrung Zügel anlege. Man erlebt natürlich immer wieder solche Augenblicke – das ist bei mir ganz stark mit Sexualität verbunden – in denen das Schöne und Befreiende gerade darin besteht, diese Grenzen zu sprengen, indem ich mich ins Bodenlose fallen lasse. Das kann ich auch. Aber ich spüre trotzdem immer wieder auch eine Begrenztheit. Ich spüre immer wieder, dass da ein Fangnetz ausgespannt ist, obwohl es spannender wäre, ich könnte frei auf dem Seil tanzen und das Fangnetz wäre nicht da. Aber ich bin ein sicherheitsliebender Mensch. Vielleicht zeigen sich da Elemente einer Spießbürgerlichkeit, die Angst vor dem Absturz, die Angst, das Rationale völlig zu verlieren. Das erlebe ich immer wieder. Und spüre wie schön es wäre, wenn die Grenze nicht da wäre, wenn ich meinen Gefühlen, meinen Trieben freien Lauf lassen könnte. Aber wahr ist auch, dass dieser Schutzmechanismus mich vor mir selber schützt.

Albus:

Ist es ein Netz, das einen einfängt, dem man in die Maschen geht und sich darin verfängt, oder ist es ein Netz, das nur der größeren Sicherheit bei größeren Risiken dient?

Berger:

Das ist schon ein Netz, das einen auch einfängt. Es ist nicht nur zur Sicherheit da. Es ist eines, das einem im eigenen Interesse die Grenzen zeigt.

Albus:

Warum muss es das Netz geben? Warum kann man sich nicht einfach ausleben, fallen lassen?

Berger:

Weil Sex in seiner letzten Konsequenz dann ins Bodenlose führt. Ich weiß jetzt nicht, ob es klug ist, das Folgende in einem Buch zu schreiben. Und ich will kein bestimmtes Bild von David Berger in der Öffentlichkeit bedienen. Schon gar keines, das wieder alle Vorurteile bestätigt: Wussten wir's doch! Ich habe im Lauf der Jahre sexuell viel experimentiert. Auch mit

Drogen. Diese Kombination – Sex und Drogen – konnte ich genau deshalb genießen, weil ich keine Fortsetzung brauchte, die zur Abhängigkeit hätte führen können. Aber trotzdem habe ich ab einem gewissen Zeitpunkt gemerkt: „Ok, du musst jetzt Schluss machen, weil das sonst gesundheitsgefährdend für dich wird." Eigentlich ein abstruser Gedanke, wo ich mich doch lieber ins Bodenlose fallen lassen möchte.

Albus:

Der Grundkonflikt ist damit noch einmal ganz gut beschrieben. Ich glaube, dass viele anfänglich kirchliche Biografien an dem Punkt abgebrochen sind oder wurden, an dem sich vor den Ansprüchen der kirchlichen Moral unsere – angeblich – „dunkle" Seite zeigte, die wir eben auch haben, die zu uns gehört von Anfang an. Viele haben an diesem Punkt in ihrem Leben erfahren: Da ist Jemand, der lässt das nicht zu, verteufelt, was unbedingt auch zu meinem Leben gehört.

Meine Interpretation im Nachhinein heißt: Diejenigen, die uns die Moral abgefordert oder rigide vorgeschrieben haben, hatten selber so viel Angst vor ihrer eigenen Sexualität, dass sie irgendein Instrument oder mehrere Instrumente finden mussten, um diese Urkraft einzugrenzen. Bei anderen zuerst! Aber auch bei sich selbst. Sonst wären sie in diesem Kampf untergegangen.

Da kommt eine ganz grundsätzliche Lebensfrage auf: Was mache ich mit meinen Gefühlen? Was mache mit meinem mehr oder weniger ausgebildeten Verstand? In der Frage der Sexualität verdichtet sich diese Frage exemplarisch. Ich habe kirchliche Menschen sagen gehört: „Die Sexualität ist ein Hindernis auf dem Weg zu Gott." Denen habe ich gesagt: „Wenn ihr glaubt, dass der Mensch ein Ebenbild Gottes ist, dann sind eine solche Aussage und die Haltung, die sich dahinter verbirgt, eine Verachtung des Schöpfers selbst, der uns erschaffen hat. Da wird ein Misstrauen gegen ‚euren' Gott selber sichtbar."

Berger:

Ich kenne diese Argumentation. Diskutiert man das Thema „Homosexualität", hat man eine ähnliche Situation. Wenn Gott den Menschen als Homosexuellen geschaffen hat, dann ist es doch sündhaft, dem Menschen zu verbieten, diese Veranlagung zu leben. Der Mensch sollte dieses Geschenk von Gott annehmen. Es ist doch eine Aufgabe der Schöpfungstheologie, ja einer Schöpfungsspiritualität, dem Menschen deutlich zu machen: Das hast du mitbekommen, akzeptiere das! Nimm das Geschenk an! Man muss nur sehen, wie viele Biografien gescheitert sind, weil sie dieses Geschenk nicht angenommen haben.

Ich erzähle folgendes jetzt ganz bewusst: Vor einiger Zeit hat sich ein ehemaliger Schüler von mir leider das Leben genommen. Er hatte mich vor zweieinhalb Jahren auf Facebook angeschrieben und mir erzählt, dass er schwul sei, dass er das schon in der Schule wusste und mein Outing dort für ihn ganz wichtig war. Er hatte auch keine Probleme mit der gesellschaftlichen Anerkennung seines Schwulseins. Große Probleme aber bereitete es ihm, sich selbst als Homosexuellen anzunehmen. Wir haben uns dann im Verlauf der letzten Jahre immer wieder geschrieben. Zu einem Treffen ist es nie gekommen. Ich habe aber gespürt, dass sein Problem nach wie vor besteht. Ich konnte ihm leider in seiner inneren Lage nicht wirklich helfen. Das Schlimme ist, dass das häufig vorkommt: Die Unfähigkeit, das Schwulsein für sich selber zu akzeptieren. Da wäre dringend eine Schöpfungsspiritualität gefragt, um Menschen in dieser Lage zu helfen und ihnen freundlich zu sagen: „Akzeptiere das, was du bist! Nimm es an!" Und, wenn jemand religiös geprägt ist, ihm zu sagen: „Es ist deine Aufgabe, das als ein Geschenk von Gott anzunehmen."

Albus:

Homosexualität wird kirchlich als verschärfte Form von Sexualität angesehen. Das macht die Sache nicht leichter.

Berger:

Natürlich! Es ist besonders stark bei den Ultrakatholiken so. Das hängt damit zusammen, dass der Gedanke der Zweckfreiheit der Sexualität bei der Homosexualität eine viel größere Rolle spielt als bei Heterosexuellen. Da kann man sich noch damit trösten, dass sie in Kauf genommen werden muss, weil man – ganz augustinisch – neue Gläubige braucht und von daher ein Auge zudrücken kann, wenn es um den Aspekt der Vermehrung geht. Bei den Homosexuellen funktioniert das nicht. Die machen Sex nur aus Freude und Lust, als l'art pour l'art. Von daher ist das für die Ultras noch eine Steigerung dessen, was sie schon an der Sexualität generell ablehnen.

NUR DIE ANNAHME MEINER SELBST
KANN MEINE GANZHEIT ZUTAGE FÖRDERN

Ich bin in dem Maße geheilt, in dem ich imstande bin, mich selbst als den Menschen zu lieben, der ich TATSÄCHLICH bin, mit aller Verzerrung und Verwundbarkeit, und nicht erst als den, der ich irgendwann in ferner Zukunft einmal werden möchte. Mit anderen Worten: ich kann mich nicht heute ablehnen und zugleich erwarten, morgen würde ich liebenswerter sein. Nur die Annahme meiner selbst, das heißt die Liebe zu mir selbst, kann meine Ganzheit zutage fördern. Ich muss jetzt, hier und heute, anfangen, diese Einstellung mir selbst und wenn möglich, auch anderen gegenüber einzuüben.

Marsha Sinetar

Auf einmal standen
zwei Kirchen gegeneinander

Der Kampf um den Priester-
beruf bis zur Entscheidung

Ich komme noch einmal auf meinen Kampf um den erstrebten Priesterberuf zurück.

Mein Kampf hat sich dadurch verschärft – ich habe das schon kurz angedeutet –, dass ich entdeckte, dass es so etwas wie eine schwule Welt gibt mit den entsprechenden Menschen und einer Infrastruktur. Eine Welt, die einem so etwas wie Heimat bieten könnte, die ihre eigenen Vorstellungen und Gesetzlichkeiten hat. So ähnlich wie etwa die katholische Kirche.

Ich möchte die schwule Welt und die katholische Kirche nicht auf eine Ebene stellen. Homosexualität ist keine Religion. Aber beide, die schwule Welt und die Kirche, tun so, erwecken den Anschein, als ob sie emotionale Heimat bieten könnten. Ob sie es tatsächlich können, ist eine andere Frage. Aber beide treten mit dem Verheißungsanspruch auf: Wir sind eine Community, wir sind eine Communio. Es ist interessant, dass die schwule Welt den Anspruch vertritt, sie sei eine Community. Wobei man auch fragen könnte, inwieweit sie das ist? In der Kirche spielt die Communio eine große Rolle mit allem, was dazu gehört: mit den Verheißungen des Aufgehobenseins, der Heimat, aber auch mit den Verpflichtungen, die man hat. Ich habe entdeckt, dass es in der schwulen Welt ebenso Ritualisierungen gibt, wie in der Kirche auch. Für mich standen auf einmal, überspitzt gesagt, zwei Kirchen gegeneinander. Die eine hatte die Tradition auf ihrer Seite, sie war von der Gesellschaft angenommen, bedeutete meiner Großmutter etwas, meine Eltern akzeptierten sie, auch wenn sie sie nicht schön fanden.

In dieser Kirche würde für mich alles problemlos funktionieren. Auf der anderen Seite, in der schwulen Welt waren die Verlockungen des Gefühls, die Möglichkeit, in dieser Welt zu mir selbst zu finden.

Auf einmal kam dann eine dritte Möglichkeit ins Spiel. Ein Pater in Münsterschwarzach sagte zu mir: „Wenn du beides haben willst, dann kannst du auch beides haben. Es fragt dich doch keiner, so lange du nicht mit deinem Liebhaber ins Pfarrhaus ziehst. Du hast eine tolle Gemeinde, du kannst die Liturgie feiern. Und auf der anderen Seite kannst du ein schwules Leben führen, wie du es willst. Schau, dass du vielleicht nach Berlin oder Köln ins Priesterseminar gehst. Dort hast du schon in der Seminarzeit die schwule Infrastruktur, die du willst und in der du dich ausleben kannst. Dann hast du beides unter einen Hut gebracht."

Das klang zunächst einmal verlockend. Ich hätte diesen Kompromiss eingehen können. Wieso nicht? Aber ich war nicht der Mensch, der auf Kompromissfähigkeit hin erzogen war. Ich war immer schon auf Konfrontation und Apologetik getrimmt. Das hat sich bis heute bei mir erhalten. Mit solcher Art von Kompromissen habe ich große Probleme. Deswegen sollte man auch den Zölibat – ähnlich wie in der Ostkirche – für Priester zur Wahl stellen: Mönche verpflichten sich dazu, während Pfarrer heiraten können. Noch weiter ist da natürlich die evangelische Kirche in manchen Regionen Deutschlands, wo auch schwule Paare im Pfarrhaus wohnen können. Das ist natürlich der Idealfall, der Scheinheiligkeit und Lügen verhindert, von dem jedoch die katholische Welt noch weit entfernt ist. Jene Scheinheiligkeit war es auch, wegen der ich den Kompromissvorschlag dann schnell vom Tisch gewischt habe.

Die Kompromisslosigkeit war und ist ein Charakterzug von mir. Inzwischen ist das ein bisschen besser geworden. Man wird älter, ruhiger und bequemer, die Hormone werden etwas heruntergefahren. Das ist besser geworden. Aber man kann Persönlichkeitsmerkmale nicht einfach so abstreifen.

Ich habe mich schließlich selbst unter Druck gesetzt: „In dem Augenblick, in dem du dein Abiturzeugnis ausgehändigt bekommst, hast du dich zu entscheiden! Und wenn du dich entschieden hast, dann gehst du auch den Weg, zu dem du dich entschieden hast!" Ich hatte im Jahr vor dem Abitur tolle sexuelle Erlebnisse und spürte, dass ich den vorgeschlagenen Weg nicht hundertprozentig konsequent würde gehen können. Ich hatte den Eindruck: Das bekomme ich nicht mehr hin!

Die Hundertprozentkonsequenz ist im Blick auf jede mögliche Entscheidung eine Illusion. Der Strang, der vorher so prägend war, kann nicht einfach eliminiert, kann nicht einfach zum Verschwinden gebracht werden, nur weil man sich so oder so angeblich klar entschieden hat. Wenn ich mich fürs Priestertum hundertprozentig entschieden hätte, wären der Trieb, die Sexualität, die Sehnsucht nach emotionaler Geborgenheit mit Sicherheit wieder aufgetaucht.

Ich hatte entschieden, dass ich erst einmal gar keine feste Beziehung wollte, ich wollte meine Sexualität voll ausleben. Aber dann lernte ich kurz nach dem Abitur Klaus kennen. Auch bei ihm suchte ich zuerst nur den sexuellen Kontakt. Das ging so drei Monate lang. Dann haben wir uns verliebt. Dann ist es passiert. Dagegen kann man sich nicht wehren, auch wenn man es will. Es gab immer wieder Augenblicke, in denen ich meine Entscheidung für ein schwules Leben und gegen das Priestertum bedauert habe. Immer wieder kam der alte Wunsch auf, Priester zu werden. Das hat Klaus immer gemerkt, darunter hat er auch gelitten. Er hat sich und mich gefragt: „Bin jetzt nur ich schuld, dass du deinen Traumberuf nicht ergriffen hast?"

Bis vor einigen Jahren habe ich nachts geträumt, dass ich ein feierliches, natürlich Tridentinisches Hochamt feiere. Wie ich mit dem Messgewand zum Altar schreite, neben mir Diakon und Subdiakon, eingehüllt in Weihrauch, begleitet von den Gesängen einer Schola. Bis hin zu so kleinen Dingen, dass man beim Treppensteigen zum Altar die Albe hochnehmen, sie schürzen musste. Das sind Nebensächlichkeiten, die sich aber im Traum zur Wichtigkeit gesteigert haben und mich spüren ließen, wie sehr dieses Ritual mich immer noch gedanklich und bildlich besetzt hielt.

Ich erinnere mich in diesem Zusammenhang auch an den Besuch des Filmes „Der Kardinal". Da wird unter anderem eine Bischofsweihe gezeigt. Während der Szene habe ich eine Gänsehaut bekommen. Ich bin nicht der Mensch, der bei Filmen weint. Aber ich habe gespürt: Da ist noch etwas in mir, ein Wunsch, der nie in Erfüllung gegangen ist, der auch nie in Erfüllung gehen wird, der immer Wunsch bleiben wird. Der Wunsch war immer noch irgendwie da. Und er blieb auch noch lange präsent. Das hatte auch mit meiner möglichen Karriere als Hochschullehrer zu tun. Nachdem ich mich später in Dogmatik habilitiert hatte, bin ich immer wieder angesprochen worden, ob ich mich nicht auf einen Lehrstuhl in Deutschland bewerben wollte.

Ich kann mich noch gut an eine Situation in Köln erinnern, als der Ratzinger-Schüler Helmut Moll, der das Martyrologium des 20. Jahrhunderts geschrieben hat, mich in der Diözesanbibliothek, in der ich oft war und er ein Büro hatte, angesprochen hat und zu mir sagte: „Herr Dr. Berger, werden sie katholischer Priester! Sie sind unverheiratet. Von daher ist das sowieso der reguläre Weg für jemanden, der in ihrem Alter noch unverheiratet ist. Sie haben habilitiert in Theologie. Sie brauchen ein Jahr Vorbereitung bis zur Priesterweihe. Ich regle das mit dem Kardinal, der es auch sehr gerne sehen würde, wenn sie Priester würden. Innerhalb eines Jahres haben Sie mit ihrer Vorbildung einen Lehrstuhl. Als Laie werden Sie erst einmal keinen Lehrstuhl bekommen. Sicher nicht in der Dogmatik, vielleicht in der Kirchengeschichte oder sonst wo." Da spürte ich Momente der Schwäche.

Eine ähnliche Situation kam dann wieder, als ich einen Ruf an die katholische Universität in Los Angeles (USA) bekam. Die Jesuiten boten mir eine Professur in christlicher Philosophie an. Wieder war ich kurz davor, das Angebot anzunehmen. Auch wegen des horrenden Gehaltsangebotes. Davon konnte man nur träumen, wenn man Gymnasiallehrer war. Der Dominikanerpater, mit dem ich lange Jahre bis zu meinem Outing befreundet war, hat mir aber gesagt: „Wie stellt ihr euch denn das vor? Da kann doch Klaus nicht mitkommen. Wenn die das herausbekommen, dass du mit Klaus eine Beziehung hast – du bist da nur Angestellter und kein Beamter wie die Hochschullehrer in Deutschland –, dann stehst du von einem Tag auf den andern auf der Straße. Das klappt nur, wenn Klaus hier bleibt und du allein nach Los Angeles gehst und dich dort die ganze Zeit möglichst diskret verhältst." Eine Fernbeziehung mochte ich auch nicht. Ich liebte Klaus und wir wollten unser Leben gemeinsam gestalten.

Das war so ein Moment, in dem sich der alte Konflikt wieder meldete und mich für einen Augenblick an den alten Kampf erinnerte, in dem ich aber auch spürte, dass die Grundentscheidung durchzuhalten war.

Immer wieder in das alte Kampfmuster zurückfallen

Studium der Theologie

Ich habe meinen Freund Klaus am 20. November 1989 kennengelernt. Im Mai desselben Jahres hatte ich mein Abitur gemacht und mit dem Studium begonnen, weil die Zivildienststelle, zu der ich gerne wollte, nicht früher frei wurde. Ich hatte Theologie und Germanistik gewählt. Theologie sowieso und Germanistik für das Lehramt an Höheren Schulen. Für Germanistik hatte ich mich schon in der Oberstufe interessiert. Ich hatte viele schwule Autoren gelesen, sozusagen als Gegenpart zu meiner Beschäftigung mit der Theologie, die ich so nebenbei erledigen, in die ich keine große emotionale Energie hineinlegen wollte.

Dann aber begann das Semester mit dem Einführungskurs in Dogmatik, mit der Kirchengeschichte und einer Reihe von interessanten Seminaren. Das war unglaublich spannend. Und wieder habe ich positive Rückmeldungen bekommen. Ein Professor hat mir nach der mündlichen Prüfung gesagt: „Ich bin ganz erstaunt. Haben Sie schon einmal Theologie studiert?" Das schmeichelte natürlich meiner Eitelkeit. Da sitzt man als kleiner Student, hat gerade das Abitur hinter sich und ein Professor ist fasziniert, welche Fachausdrücke, welche Problemkreise man in der Erstprüfung in Dogmatik schon kennt! Ich begann meine alten theologischen Fachbücher vom Elternhaus nach Würzburg zu holen, kniete mich in die Kirchengeschichte hinein, las die Kirchenväter und beschäftigte mich mit Aurelius Augustinus.

Das war immer ein rationaler Gegenpol zur schwulen Welt. Eine ganz andere Welt, in die ich immer abtauchen konnte. Im

Gegensatz zur schwulen Welt, die Spaß gemacht hat, die toll war. Mein Partner hat das akzeptiert, sah darin keine Probleme. So wie es für ihn Architektur gab, mit der er sich beschäftigte, gab es für mich die Theologie.

Als wir nach meinem Zivildienst nach Köln umgezogen sind, hat sich das noch einmal verstärkt. Ich hatte schon früh die Zeitschrift „Theologisches" gelesen, und bekam dann eine Einladung von Professor Johannes Böckmann, der die Zeitschrift herausgab. Professor Wilhelm Nyssen war Studentenpfarrer, ein sehr konservativer Geistlicher. Er hat mich zu vielen Veranstaltungen eingeladen, hat mir Bücher von sich geschenkt. Mit einem Mal tauchte ich wieder in ganz konservativ katholische Kreise ein. Niemanden hat es gestört, dass Klaus noch dabei war. Da hat man ein Auge zugedrückt. Das hat man so hingenommen. Ich musste damals noch keine Cousin-Geschichte erfinden.

Erst im Nachhinein ist mir bewusst geworden, dass man mich haben wollte. Die Leute waren alle unglaublich freundlich und haben sich um mich gekümmert. Es war mir anfangs noch nicht klar, dass sie mich auch gebrauchen wollten: „Der ist jung, der ist nicht auf den Kopf gefallen, der ist rhetorisch begabt im Unterschied zu anderen!" Die hatten ja nicht wirklich viele Leute wie mich im konservativen Lager zur damaligen Zeit. Inzwischen bräuchten sie keinen David Berger mehr, weil sie sich aus einem Riesenreservoir an konservativen jungen Menschen bedienen können.

In diesen Jahren (1991-1992) war ich in meiner Altersgruppe wieder ein Außenseiter. Meine Mitstudenten waren alle wesentlich liberaler. Es gab kaum papsttreue junge Leute, die auf Ratzingerkurs waren.

So bin ich ein Stück weit wieder in mein altes Kampfmuster gerutscht. Mein Vater, gegen den ich angehen konnte, war nicht mehr präsent. Präsent war jetzt die liberale Fraktion, auf die ich losgehen konnte. Ich habe mich sehr schnell auf die Seite der konservativen Professoren geschlagen und gegen die liberalen Theologen argumentiert.

In Exegese habe ich einmal ein Referat gehalten über Josef Ratzingers „quaestio disputata", in der er sich gegen die historisch-kritische Exegese wandte. Der Professor war wutentbrannt und es kam zu einer heftigen Diskussion. Mir genügte aber schon die Freude, ihn als kleiner Student provozieren zu können. Im Hintergrund spielte meine Eitelkeit eine große Rolle. Ich hatte es geschafft, auf der Sachebene Aufmerksamkeit zu erregen: Es ging um die historisch-kritische Exegese, um ihren Einfluss auf die moderne Philosophie. Was können „wir" ihrem zerstörerischen Einfluss auf den rechten Glauben entgegensetzen? Das Referat fand als öffentliche Diskussion statt. Und ich als junger Kerl, der eigentlich noch gar nichts war, schaffte es, diesen Professor zu provozieren! Ich ging in die Defensive und erfuhr, dass es Menschen gab, die sie hinter mich und um mich stellten und mein Handeln würdigten.

In der konservativen Welt habe ich auch sehr schnell die versteckte schwule Welt entdeckt. Sie ist in der konservativen Welt weit stärker verbreitet als in anderen Welten. Diesen Eindruck habe ich jedenfalls gewonnen. Je mehr konservative Geistliche ich kennengelernt habe, desto intensiver hat sich dieser Eindruck verstärkt. Sie haben sich nicht einmal in ihrer schwulen Haltung – es gab immer wieder konkrete Annäherungsversuche – als schwul verstanden. Sie hielten sich für etwas ganz Besonderes mit ihren Scheinheiligkeiten. Das habe ich in Köln viel extremer erlebt als in Würzburg. Dort gab es das zwar auch. Aber nicht so heftig.

Der folgende Text von David Berger wird manchen zäh und schwer vorkommen. Er ist es auch. Aber in ihm wird die ganze Künstlichkeit, diese Art Theologie und Philosophie zu betreiben, sichtbar und spürbar, fast mit einem Unbehagen. Insofern ist er ein exemplarischer Text für die getrennten Welten, die erfahrungsferne Welt der Kirche und die erfahrungsreiche Welt außerhalb der Kirche, die Welt der Gefühle und des Verstandes, die Welt des Leibes und der Seele. Ich musste mir diesen Text regelrecht zumuten

Michael Albus

Zwischen der Lust der Engel und der Tiere – der Mensch

David Berger

Neben dem bereits erwähnten Ehrentitel des Thomas als Doctor angelicus ist in den letzten Jahren ein neuer, diesem von Papst Johannes Paul II. gegebener Ehrentitel getreten: Thomas als Doctor humanitatis, Lehrer der Menschlichkeit und über den Menschen. Und in der Tat: Bei Thomas finden wir alle Elemente zum Bau einer wahrhaft menschlichen philosophisch-theologischen Anthropologie. Sehr ausführlich handelt er in seiner theologischen Summe (Sth Ia q.75-q.102) über den Menschen. Dies allerdings – entsprechend dem in seinem Summenprolog Ausgeführten – immer unter theozentrischem Aspekt.

Die Abhandlung über den Menschen stellt gleichsam die Krönung und Synthese der Gedanken über die rein geistigen Kreaturen auf der einen und die rein körperlichen Geschöpfe auf der anderen Seite dar. Denn der Mensch ist „gleichsam wie der Horizont und die Grenze der geistigen und körperlichen Natur" (Sent III prol.). Wie der Horizont Himmel und Erde vermählt, so steht der Mensch zwischen den beiden Welten nicht als trennender Fremdkörper, sondern als verbindende Mitte, indem er beide in sich vereint. Sehr anschaulich wird dies, wenn Thomas bemerkt, dass in uns „nicht allein die Lust lebt, die wir mit den Tieren, sondern auch die Lust, die wir mit den Engeln gemein haben" (Sth Ia-IIae q.31 a.4 ad3).

Dies wird zuerst und vor allem an der leibseelischen Natur des Menschen deutlich. Während Plato behauptete – und die christliche Tradition vor Thomas darin überstark beeinflusst hatte – der Menschen sei die Seele, so lehrt nun Thomas, hierin eindeutig Aristoteles folgend: „Offenbar ist der Mensch nicht einzig die Seele, sondern eine Seinseinheit aus Seele und Leib." (Sth Ia q.75 a.4) Die Seele als das geistige Prinzip ist mit dem Leib als dem materiellen Prinzip zu einer einzigen Natur vereint. Dabei wird diese Vereinigung wie jene von Materie und Form gedacht. Die Seele ist das Seinsprinzip des Menschen, die Form, die der Materie das Leben und die Form der Körperlichkeit verleiht. Sie ist das Wesensprinzip des Körpers (anima forma corporis). So wird auch verständlich, dass zur Seele als der „höchsten Stufe der gesamten Schöpfung, die ganze Materie hinstrebt" (ScG III, 22). Während die Materie zur Seele aufstrebt, neigt sich die Seele aber auch zur Materie nieder. Denn sie ist auf eine Vereinigung mit dem Körper hin angelegt (Ia q.90 a.4); es „gehört zur Seele von ihrem Wesen her, daß sie mit dem Leib vereinigt ist" (De unit.).

Es ist bezeichnend für den Aquinaten, dass er alle Vorstellungen, die eine Schöpfung der Seele vor dem Körper annehmen (Präexistentianismus), strikt ablehnt: Die Seele ist nur ein, wenn auch dem Leib übergeordneter Teil der menschlichen Natur. Sie ist auf den Leib als dem ihrem zugeordneten Werkzeug, dass sie aller erst in der Welt des Menschen handlungsfähig macht, angewiesen. Zugleich ist der Leib aber auch, trotz seiner Mängel, auf die Seele als das dieser am besten dienende Werkzeug hingeordnet (Sth Ia q.91 a.3). Wie eng Thomas die Verbindung von Leib und Seele sieht, wird deutlich, wenn er sagt, „daß, je besser der Leib bereitet ist, ihm eine umso bessere Seele zu Teil wird" (Sth Ia q.85 a.7).

Allerdings ist dieser Leib, wie Thomas aus der Erfahrung weiß, der Seele nicht, wie es einem Werkzeug zukommt, völlig untertan, deshalb ist er auch vergänglich (Ver 13, 3 ad2). Ganz im Unterschied zur Seele. Die Seele des Menschen ist zwar aufgrund ihrer reinen Geistigkeit unzerstörbar bzw. unsterblich (Sth Ia q.75 a.6-7), dennoch ist sie nicht ewig, sondern aus dem Nichts von Gott geschaffen (Sth Ia q.90 a.1). Dies spiegelt sich in der Tatsache, dass es in ihr – ganz im Unterschied zu Gott, der reinste Wirklichkeit ist – immer Seinkönnen (Potenz) und Wirklichkeit (Akt) gibt. Dies zeigt sich besonders beim Erkennen des Menschen: „Die Erkenntniskraft ist im Hinblick auf die erkennbaren Dinge, natürlicherweise im Zustand der Potenz. Bevor sie also zum Wirklichsein geführt wird, ist sie unvollkommen. Sie vollendet sich erst, indem sie die Dinge erkennt und so ins Wirklichsein überführt wird." (Ver 20, 3) So ist es auch kein Zufall, dass Thomas mit Aristoteles das äußerste Glück des Menschen in der Erkenntnis sieht.

Heiliges und Profanes

Karriere und Beziehung

Albus:

Sie sind jetzt wieder in der Theologie angekommen, Sie schlagen sich wieder auf die konservative Seite, nehmen wieder die defensive Haltung ein. Aber Sie entdecken wieder, dass dort auch nicht alles Gold ist, was glänzt. Sie beobachten wieder die Geheimhaltung und die verborgenen Spielchen. Ich habe mich schon beim Lesen Ihres Buches „Der Heilige Schein" gefragt und frage Sie jetzt: Warum sind Sie so lange „drin" geblieben? Warum sind Sie so lange auf der konservativen, fundamentalistischen Karriereleiter hochgestiegen? Mich hätte der Konflikt zerrissen. Ich hätte am Schluss alles zur Explosion gebracht. Welche Kraft war in Ihnen am Werke, die Sie in dieser Welt so lange gehalten hat?

Berger:

Ein Motiv für dieses Durchhalten war sicher das schlechte Gewissen, weil ich nicht Priester geworden bin. Und ich glaube auch, obwohl ich mit meinem Ausleben der Homosexualität kein Problem spürte, dass da ein Rest an Minderwertigkeitsgedanken mit wirksam war. Das heißt: Du machst etwas, das eigentlich nicht in Ordnung ist. Deswegen fühlst du dich herausgefordert, in der Theologie besonders fromm, besonders katholisch, besonders papsttreu zu sein. Das war der Mechanismus, der schon früher bei mir aufgetaucht ist. Jetzt nur unter neuen Gesichtspunkten.

Klaus und ich haben von Anfang an eine offene Beziehung miteinander gehabt. Wenn ich eine ganz wilde Nacht, ein ganz exzessives Wochenende hinter mir hatte, war das Bedürfnis besonders groß, danach in das Hochamt im Kölner Dom oder in der Stadt zu einer Tridentinischen Messe zu gehen. Ich hatte nicht das Bedürfnis, mich von der Sünde reinzuwaschen. Dass das nicht so einfach mechanisch ging, wusste ich. Es war das Bedürfnis, auf der gefühlsmäßigen Ebene wieder in die Welt des Heiligen abzutauchen oder in sie einzutauchen.

Albus:

Was ist die „Welt des Heiligen", frage ich mich und Sie? Die Welt des Heiligen ist auch wieder die Welt, in der strenge Regeln gelten, aber in der man auch in der strengen Choreografie einer feierlichen Liturgie, in ihrer offenbaren Sinnlichkeit einen Halt, einen Grund, einen Boden finden kann für das sonst so haltlose und bodenlose Leben.

Berger:

Genau! Es ist ja nicht so, dass man die eine Welt und damit alle Bestandteile der anderen komplett hinter sich lässt. Die Sinnlichkeit bleibt in beiden Welten präsent.

Wenn man sich mit schwulen Geistlichen unterhält, erfährt man: Die Rituale, die Gewänder, die liturgischen Handlungen sind ganz mit Homophilie angefüllt. Darüber ist eine perfekte Sublimierung möglich. Ich glaube diesen Priestern sogar, dass sie keinen Sex haben. Sie können in den Ritualen und ästhetischen Äußerlichkeiten dieser Männergesellschaft alles sublimieren. Deshalb nimmt der Umgang dieser Geistlichen mit ihren Gewändern, Ritualgegenständen usw. etwas von einem Fetisch an. Keine der Welten steht für sich absolut. Die Welten mischen sich. Das war auch immer mein Gefühl in der Spannung zwischen wilden Nächten und feierlichen Hochämtern. Das war so eine Art Kontrastprogramm.

Albus:

Ich will die Formel von der „Welt des Heiligen" noch einmal aufgreifen. War und ist Ihre Beziehung mit Klaus nicht auch eine „Welt des Heiligen"?

Berger:

In gewisser Weise schon. Ich bin ein Mensch, das habe ich in der Schulzeit schon gespürt, für den Sex unheimlich wichtig ist. Da ist mein Partner anders. Er sagt oft: „Das bewundere ich so an dir: Wenn Du Sex machst, dann bist Du wie in einer religiösen Ekstase." Sexualität hat für mich – vielleicht verletze ich damit die Gefühle mancher religiöser Menschen – ganz stark die Komponente der völligen Hingabe. Ich gehe darin mit meiner Person völlig auf, öffne mich, gebe mich ganz hin. Das ist dann für mich so etwas wie ein Gottesdienst. Das Heilige ist für mich ganz stark belegt durch das kirchlich-sakrale Liturgische. Von daher ist der Vergleich mit der Sexualität nicht einfach zu ziehen. Dennoch: Sexuelle Hingabe ist für mich ein starkes religiöses Erlebnis, wenn man „religiös" im weitesten Sinne versteht.

Albus:

Ich bin mir nicht sicher, ob religiöse und sexuelle Ekstase miteinander identisch sind. Aber sie sind zwei Formen von Heiligkeit. Eine tiefe, ganzheitliche Beziehung zu einem anderen Menschen trägt den Charakter der Heiligkeit, wobei der Begriff des Heiligen noch genauer erörtert werden müsste.

Es kann sein, dass der Anspruch des Heiligen in der kirchlichen Liturgie schon wieder überhöht ist. Und es könnte auch sein, dass das Heilige profan, das heißt wörtlich: „draußen vor dem Heiligtum" ist.

Berger:

Von Josef Pieper gibt es das kleine Buch „Was ist heilig?". Darin weist er darauf hin, dass das „Sacrosanctum" von Abgeschnittensein, vom Abgetrenntsein von der Welt, vom Weltlichen herkommt. Das ist ein Begriff des Heiligen, der stark von der kirchlichen Ritualisierung bestimmt ist. Er hat mich zweifellos damit ganz stark geprägt. Meine Hauptkritik an der Theologie Karl Rahners war seine Formulierung vom „anonymen Christentum", was erlauben würde, Heiligkeit in größeren als nur in den liturgischen und rituellen Dimensionen zu sehen. Nicht begrenzte, sondern entgrenzte Heiligkeit. Ich habe bis heute noch immer große Schwierigkeiten, den Begriff des Heiligen auf meine Beziehung, auf Sexualität anzuwenden. Wenn man den weiten Begriff des Heiligen anwendet, ist das aber durchaus zutreffend.

Albus:

Ist es nicht schizophren, das Heilige nur für einen engen Bereich zu reservieren und für einen weiten nicht?

Ich nehme den – inflationär gebrauchten – Begriff der Spiritualität. Es gibt auch eine sexuelle Spiritualität. Ich meine, dass wir heute an einem Punkt angelangt sind, an dem Menschen spüren, dass diese klinisch saubere und hygienisch reine Trennung von religiöser und säkularer Welt gar nicht mehr geht, nicht mehr lebbar ist. Der immer wieder erneute Versuch, diese Welten zu trennen, ist sicher einer der Hauptgründe der Abkehr vieler Menschen von der Welt der Kirche. Sie spüren, dass im Raum der heiligen Kirche ihr alltägliches und allnächtliches Leben keine Anerkennung findet. Das ist für mich offenbar und eine Frage zugleich.

Berger:

Ich kann diese Argumentation von Ihnen verstehen. Aber ich befürchte, dass wenn der Radius erweitert ist, wenn die Grenzen des Heiligen aufgebrochen sind, dass dann in der menschlichen Psyche wieder das Bedürfnis wach wird, einen Bereich abzugrenzen, der Bereich des Tabus und des Heiligen.

Albus:

In der Beziehung von Menschen aber auch!

Berger:

Ja natürlich! Aber die völlige Entgrenzung des Heiligen führt letztendlich zur Auflösung des Heiligen. Das macht keinen Sinn mehr. Es bedarf der Abgrenzung. Dass man die Abgrenzung des Kultischen, des Heiligen unter kultischem Aspekt erst einmal aufbrechen kann mit dem theologischen Hintergrund, den Karl Rahner und die gesamte anthropologisch und anthropozentrisch gewendete Theologie zur Verfügung stellt, ist verständlich. Danach kommt aber wieder das Verlangen des Menschen, klar abgegrenzte Bereiche zu haben.

Albus:

Ich schließe daraus, dass man der Erfahrung des Heiligen als Grenze im Leben nicht entkommt. Weder im Bereich der Liturgie noch im Bereich der Sexualität. Unweigerlich komme ich im Laufe meiner Lebenserfahrungen immer wieder an eine Stelle, wo ich spüre: Da ist ein Tabu, ein Rühr-mich-nicht-an. Ich will die Grenze zwar überschreiten, aber ich kann sie nicht überschreiten. Da fallen die begrifflich getrennten Räume nicht auseinander, sondern ineinander.

Berger:

Im Idealfall, ja.

Albus:

Wir reden gerade vom Idealfall. In beiden der beschriebenen Räume oder Welten gibt es den Idealfall als Wille und Vorstellung. Aber ich werde immer eine Distanz zu mir und zum anderen haben in einer Beziehung, werde nie ganz aufgehen in einer heiligen Liturgie, die mich mit ihrer verrückten Ästhetik, die ich aus dem Kirchenschiff verfolge, doch auch in ihrer Lebensferne befremden kann. Gleich in welche Räume wir kommen, in welche wir gehen, in welchen wir freiwillig oder gezwungen leben: Wir werden dem Heiligen nicht entkommen. Auch wenn es in Verkleidungen und Masken auftritt, die wir zuerst einmal gar nicht als Heiliges identifizieren.

Was ist für Sie das Heilige? Was ist das Profane?

Berger:

Noch einmal: Ich komme ursprünglich von der Vorstellung Josef Piepers her: Das Heilige ist das Abgegrenzte vom Profanen, das draußen vor dem Heiligen liegt. Diese Vorstellung hat mich geprägt. Aber ich weiß natürlich, dass es ähnliche Grenzerfahrungen, Grenzüberschreitungen, Gefühle des Absoluten auch in anderen Zusammenhängen geben kann als im heiligen Innenraum. Das erlebe ich inzwischen „draußen", im Zusammenhang der Sexualität viel intensiver als früher. Ich habe einfach die Schwierigkeit, dafür den Begriff des Heiligen zu gebrauchen. Das ist eine reine Frage der Begrifflichkeit und der Gewohnheit.

Albus:

Die Erfahrung der Grenzenlosigkeit, und entsprechend die Erfahrung der Begrenztheit, kann ich in jedem Raum, in jeder Beziehung meines Lebens entdecken. Voraussetzung ist: Ich muss offen bleiben, darf die einzelnen Erfahrungen nicht verabsolutieren. Ich werde immer Ekstasen haben, Erfahrungen, in denen ich aus mir heraustrete. Ich kenne Menschen, die den gregorianischen Choral wie einen kleinen Orgasmus empfinden. In einer Liebesbeziehung und in einer religiösen Beziehung im engeren Sinne erfahre ich immer wieder: Das, was ich mache, machen will, reicht einfach nicht aus, befriedigt mich nicht, schenkt mir keinen erfüllten Frieden. Jean-Pauls Sartres markanter Satz zum Thema Freiheit fällt mir ein: „Freiheit ist das, was ich aus dem mache, was mit mir gemacht worden ist".

Berger:

Das kann ich sofort unterschreiben. Was mich an Thomas von Aquin so fasziniert hat, war seine Prädestinationslehre: Es gibt eine absolute, göttliche Seinsquelle, die mein Leben, mein Schicksal vorher bestimmt hat, die alles genau geregelt hat bzw. aus der Dimension des Ewigen stets aktuell regelt. Dieser Gedanke hat mich immer begleitet. Die entscheidenden Dinge sind letztendlich gemacht. Ich bekomme sie geschenkt.

Albus:

Man kann es auch anders herum erfahren: Die Dinge und ich sind gemacht worden und ich frage: Zum Teufel nochmal, warum sind sie, warum bin ich so gemacht worden?

Berger:

Das kann das natürlich auch bedingen. Aber es kann auch eine unglaubliche Freiheit sein, vom dauernden „ich muss, ich muss, ich muss" entlastet zu werden. Das kann einem eine tiefe Gelassenheit schenken. Das war schon so, als ich noch fromm und sehr katholisch war. Ich habe mir gesagt: Es bringt mir nichts, wenn ich mich in etwas Unvermeidliches hineinsteigere, wenn ich Panik und Ängste entwickle, selbst wenn es vorherbestimmt ist, dass ich in die ewige Verdammnis oder in die ewige Glückseligkeit komme, dann wird das so laufen wie es laufen muss. So etwas hat eine ziemlich entlastende Funktion.

Albus:

Religion und Religiosität haben auch eine entlastende Funktion. Wenn ich mich hingebe, muss ich nicht alles allein auf meine Schultern nehmen. Das kann ein Trost sein.

ES GIBT MEHR ALS ALLES

Ach, Herr General, es gibt nur ein Problem, ein einziges in der Welt. Wie kann man den Menschen eine geistige Bedeutung, eine geistige Unruhe wiedergeben; etwas auf sie herniedertauen lassen, was einem Gregorianischen Gesang gleicht! … Sehen Sie, man kann nicht mehr leben von Eisschränken, von Politik, von Bilanzen und Kreuzworträtseln. Man kann es nicht mehr. Man kann nicht mehr leben ohne Poesie, ohne Farben, ohne Liebe.

Antoine de Saint-Exupéry

Alles war am Laufen

Der alte Konflikt blieb bestehen

Ich war also nun in Köln Gymnasiallehrer. 1996 hatte ich mein erstes Staatsexamen gemacht. Danach begann ich mit meiner Promotion, habe sie während des Referendariats zu Ende geschrieben. Das Thema war: „Natur und Gnade in systematischer Theologie und Religionspädagogik". Eine riesengroße Thematik, in der alle schon genannten Fragen eine Rolle spielten. Ich hatte mich schon bei meiner Examensarbeit mit derselben Thematik in die Materie eingearbeitet.

In Köln ist mir zum ersten Mal Matthias Josef Scheeben „untergekommen". Ich hatte von ihm schon in Münsterschwarzach und im ersten Semester in Würzburg gehört, habe mir dann im Antiquariat seine Dogmatik besorgt und sie richtig durchgearbeitet. Ich gehöre wohl zu den wenigen Menschen, die das umfangreiche Werk ganz studiert haben. Von seiner Art, theoretisch Dogmatik und neuscholastische Theologie zu treiben und trotzdem ganz viel mit Bildern zu arbeiten, war ich fasziniert. Seine Dogmatik ist bilderreich, anschaulich und trotzdem spekulativ. Ich wollte eigentlich nur über „Natur und Gnade" bei Scheeben etwas schreiben. Aber dann hat mein Doktorvater gemeint, ich müsse noch Karl Rahner und Joseph Kleutgen dazu nehmen. Dann hat das Unheil seinen Lauf genommen. Scheeben, Kleutgen und Rahner. Kleutgen hat textmäßig das Dogma von der päpstlichen Unfehlbarkeit vorbereitet. Da waren sie wieder, die verschiedenen Welten.

Ich habe promoviert und einen Preis für meine Dissertation bekommen. Nebenbei habe ich eifrig für die „Deutsche Tagespost" geschrieben. Ich war ganz im konservativen Spektrum angekommen. Das hatte sich durch meine heftige Kritik an Rahner noch verstärkt. Das Lehrerfortbildungsseminar, das mich zu einem Vortrag zunächst eingeladen hatte, hat mich dann wegen meiner Rahnerkritik wieder ausgeladen. Dann setzte eine Art Viktimisierungsgeschichte ein. Ich fühlte mich als Opfer der bösen Progressiven. Die waren nicht nur nicht nett, sondern zum Teil auch intolerant, haben an der Entstehung meiner Opferrolle mitgewirkt. Prof. Peter Hünermann aus Tübingen ist zum Beispiel auf einer Tagung nicht aufgetaucht, weil ich auch dazu eingeladen war. Er sagte: „Mit David Berger setze ich mich nicht an einen Tisch." Auch von dem Münsteraner Theologen Vorgrimler kamen zum Teil sehr abwertende Äußerungen unter der Gürtellinie. Das hat dazu geführt, dass ich mich erst recht bestätigt gefühlt habe in meiner Position. Als dann von Rom die Anfrage kam, ob ich Mitglied der Päpstlichen Thomasakademie werden will, habe ich das als weitere Bestätigung empfunden, bei den anderen gut aufgehoben und den richtigen Weg eingeschlagen zu haben.

Alles war am Laufen: Durch meine Promotion, durch meine Arbeit für „Theologisches", für die „Deutsche Tagespost", durch Artikel, die ich für die renommiertesten Magazine des päpstlichen Rom geschrieben habe, war ich als Konservativer festgelegt. In Deutschland stieß ich auf Ablehnung. Das war auch der Grund, dass ich mich schließlich in Lublin in Ostpolen habilitiert habe. Ich hätte selbst in Augsburg schon wegen meines Namens keine Chance dazu gehabt. In Lublin war das mit Thomasstudien problemlos möglich. Ich habe dort nie gewohnt und ich habe auch nie polnisch gelernt. Das ging alles auf Englisch, Französisch, Deutsch. So ist auch die Habilitation gelaufen. Das war eine rein kirchenpolitische Geschichte. Und ich habe einfach mitgemacht, insofern es mir geholfen hat, akademisch weiterzukommen.

Ein Abgrund zwischen Denken und Leben – Ein bleibender und beherrschender Konflikt

Michael Albus

Mir scheint, dass der Grundkonflikt, der das Christentum heute zerreißt, im Abgrund zwischen Denken und Leben liegt.

Fein säuberlich hat man sie durch Jahrhunderte hindurch zu trennen versucht: die reine, dünne Luft der Gedanken, die Ästhetik der Denkgebäude vom feuchten und schmutzigen Dunst der Niederungen des Lebens, die Welt der reinen Gipfel der Gedankenwelt von der unreinen, stickigen Welt des Lebensdschungels.

Der Konflikt ist alt und reicht weit über die Anfänge des Christentums hinaus. Dualismus, Rigorismus im Denken wie im Leben haben ihre Menschheitsgeschichte und sind aktuell wie eh und je. Sie sind nicht nur Eigenschaften der Religionen. Sie gehören zum Wesen des Menschen, sind Bestandteile seiner Grundausstattung. David Berger hat lange gebraucht, bis er sich aus den Fesseln des Entweder-Oder herauswinden konnte.

In seinen Texten, die sich mit dem Thomismus befassen, wird dies für mich deutlich. Sie muten mich fremd an, von der Welt fern, gläsern, zerbrechlich. Die Versuche, die Welt der Gedanken mit der Praxis des Lebens zu versöhnen, wirken künstlich. Das ist kein Urteil über David Berger. Im Gegenteil. Es ist die Benennung eines „tödlichen" Konflikts.

In diesem Konflikt verharrt das Christentum, zumindest auf der nördlichen Erdhälfte, immer noch. Wenn es diese Spaltung nicht überwindet, wird es in Zukunft kein Gehör mehr bei den Menschen finden.

Eitelkeit spielte
eine große Rolle

Arbeiten in Rom

Im Jahre 2003 wurde ich an die Päpstliche Thomas-Akademie in Rom berufen. Anfangs konnte ich noch nicht an den internen Konferenzen teilnehmen, sondern nur an den großen Kongressen. Das war erst 2005 möglich, als ich zum korrespondierenden Professor ernannt wurde, kurz vor meiner Habilitierung in Lublin. Ich war immer nur zeitweise in Rom, weil man an der Akademie nie eine durchgehende Lehrverpflichtung hat. Die Akademie erstellt Studien, die für den Heiligen Stuhl zur Vorbereitung für spätere päpstliche Dokumente dienen. Es gibt an dieser Akademie keine Studierenden, sondern nur Mitglieder, die sich zu regelmäßigen Arbeitstreffen von acht bis zehn Tagen zusammensetzen und ihre Studien, die sie zu Hause gemacht haben, koordinieren.

Ich flog also immer wieder nach Rom. Häufig auch mit Klaus zusammen. Wir haben meist im Dominikanerkloster Santa Sabina auf dem Aventin gewohnt. Aber auch einmal zusammen in der Wohnung der Baronin von Gagern, die in Köln eine Berühmtheit war. Sie hat die Frauen angeführt, die den Brief an Kardinal Ratzinger zum Abbruch der Schwangerschaftsberatung in Deutschland geschrieben haben. Klaus reiste mit mir als mein Cousin. Das habe ich unter humoristischem Aspekt gesehen. Bei vielen anderen, die Priester waren, habe ich das auch erlebt. Ich hatte ja keine Zölibatsverpflichtung. Es war schon schlimm genug, in Rom mit einem Mann zusammen zu sein. Die jugendlichen Liebhaber eines fünfzigjährigen Kardinals, zum Beispiel, waren als Privatsekretär oder Chauffeur dabei. Diese Methode war in Rom gang und gäbe.

Man musste sich keine Gedanken machen, nahm nur die angenehme Seite zur Kenntnis und schob alles andere beiseite. Eitelkeit spielte in dieser Welt eine herausragende Rolle. Auch die römische Art der Ästhetik der leichten Lebensart. Ich fand das toll! Da ließ man Dinge, über die man sich eigentlich hätte Gedanken machen müssen, einfach hinten runterfallen. Und lebte sie einfach. Also genau das, was das apologetische Katholikenbild der Protestanten ganz wesentlich mitgeprägt hat.

Klaus ist damit auch ziemlich locker umgegangen, und es hat ihn zunächst nicht belastet. Es war für ihn ein Spiel. An den akademischen Terminen nahm er nicht teil, nur bei irgendwelchen feierlichen Empfängen am Rande.

VOR ALLEM DIE ESSEN SIND MIR IN ERINNERUNG GEBLIEBEN

Ich hatte mich bald in meinem Collegium mit all seinem Gepränge ein-gewöhnt. Das spricht doch für meine Resistenz und meine Stärke (trotz Asthma und allen vegetativen Dystonien). Aber was blieb mir anderes übrig auf der Welt? Bis vor kurzem war ich ja noch Sonntag für Sonntag in Schwackenreute gewesen, der Mostonkel drängte uns (als Quasi-Hö-hepunkt dieser Fahrten) in den Stall und wies auf seine prämierten Tiere mit den Plaketten an den Stalltüren. Jetzt saß ich beim Sonntagsdiner oftmals neben Kardinal Furstemberg. Unser Monsignore hatte die An-gewohnheit, bunt zu mischen, wie er sagte, das heißt: neben ein hohes Tier ein junges zu setzen, übersetze ich. Gerade am Sonntag, wenn Ma-rio, der Tischdiener und Chauffeur unseres Herrn, bei seiner Familie war (...) kam oftmals ein hoher Gast zum Essen. Dann musste einer von uns Mundschenk spielen. Die Wasserkanne wurde aber nur auf Anordnung gereicht! Wurde ich von Monsignore eingewiesen. Man bietet den Gäs-ten kein Wasser an! (Begründung: dass es bei der Hochzeit zu Kanaan kein Wasser gegeben habe.) Es kamen auch hochgestellte Gäste, die gar nicht mehr wussten, wo sie waren, die nach Wein verlangten, denen ich Wein einschenkte: Was für starke Arme! Riefen sie bewundernd aus oder auch Wie ungeschickt!, wenn mir etwas aus der Hand fiel. Zitterte ich? Von diesem Haus, von der ewigen Stadt, von der Theologie sind mir vor allem die Essen in Erinnerung geblieben.

Arnold Stadler

Die Person Jesu ist mir wichtiger geworden

Wachsende Fremdheit im römischen System

Ich habe während meiner Aufenthalte in Rom ganz intensiv und manchmal bestürzend die getrennten Welten erlebt. Diejenigen, die morgens in den Vorlesungen am heftigsten gegen Homosexuelle gewettert haben, waren dieselben, die man abends in der Stadt in den Schwulenbars traf.

In Rom ist dann einiges in mir und mit mir geschehen. Sehr schnell habe ich meinen persönlichen Glauben, meine Überzeugungen, meine Religiosität von kirchlichen Dingen abgekoppelt. Die Überzeugung, dass der Papst der Stellvertreter Christi auf Erden ist, dass die Priester einen besonderen Heiligkeitsstatus besitzen, ist mir innerhalb kurzer Zeit abhandengekommen. Ein Schock, ein Erdrutsch war das nicht. Nicht so, dass ich morgens aufgewacht bin und gedacht habe, dass ich meinen Glauben an die Kirche verloren hätte, nein, so war das nicht. Denn es war eingebettet in die nette Atmosphäre Roms, in der durchaus auch eine Selbstsicherheit im Religiösen vorhanden war. Keine nordische Strenge war zu spüren. Vom Gefühl her ist alles ziemlich weich verlaufen. Auf einmal merkt man: Ok, das ist Kirchenpolitik, ist Show, ist Eitelkeit. Ich habe dort Menschen getroffen, die noch viel eitler waren als ich, die Macht absolut machiavellistisch verstanden und damit auch umgehen konnten. Sie sahen einen an, wenn man bei bestimmten Fragen ein Bibelzitat verwenden will, als ob man von einem anderen Stern käme. Man wird, wenn man sich auf die Bibel beruft, für naiv gehalten. Der „Geist des Christentums" ist dort weit weg. Rom ist eine Machtzentrale. Von ihr zu meinem persönlichen Glauben bestand keine erkennbare Verbindung mehr.

Das eine waren Ästhetik, Karriere, Tradition, ein tolles Gefühl in Rom zu sein, ein tolles Gefühl auch, mich von meinen Kollegen im Gymnasium abzuheben. Das war sehr wichtig für mich. Aber von meinem Glauben war dies völlig unabhängig: gespaltene, getrennte Welten.

Ich erinnere mich: Im Jahr 2000 waren Klaus und ich in Rom. Wir standen am Ostersonntagmorgen auf dem Petersplatz. Der Himmel war blau. Eine wunderbare Kulisse. Der alte Osterhymnus, das „victimae paschali laudes" wurde gesungen. Das war wunderschön. Aber es war nicht mehr deckungsgleich mit meiner Spiritualität und meiner Glaubenswelt. Es war, wie wenn ich in eine Krönungsmesse gehe, die in einer Kirche aufgeführt wird – unabhängig von der Liturgie und von der Monarchie. Ich hörte mir das an. Es blieb nur ein rein ästhetischer Genuss. So ist das bis heute für mich geblieben: Ich besuche ab und zu gerne feierliche Hochämter im alten Ritus – aber es ist ein rein ästhetisches Vergnügen.

Zusammen mit meiner inneren Abkoppelung hatte sich meine persönliche Spiritualität mehr und mehr von bestimmten kirchlichen und theologischen Inhalten abgelöst: von Inhalten wie dem Sühnetod Jesu, der Erlösung und Auferstehung. Sie hat sich irgendwie „philosophiert". Die Seinsphilosophie, die mich immer angezogen hatte, rückte mehr und mehr in den Mittelpunkt. Ich lernte eine andere Art der religiösen Empfindung kennen: Dass man durch die Natur geht, dass man unter Menschen ist und plötzlich das Durchflutetsein der geschaffenen und existierenden Dinge von der Quelle des Seins erlebt, dass das einem auf einmal zuinnerst nahe geht. Vielleicht denken nun einige leicht abfällig: Das ist nur noch ein Rumpfrelikt von Religion! Für mich war und ist es etwas Tiefgehendes. Ich bin vor mir selbst erschrocken, weil ich bislang immer eine Theologie der Religionen abgelehnt hatte, die der Auffassung war: Das Göttliche spiegelt sich in ganz vielen religiösen Nuancen.

Ich erkannte zunehmend, dass solche Erfahrungen meine Spiritualität prägten. Das Gefühl, mit der Quelle allen Seins verbunden zu sein, verstärkte sich zusehends. Da spielte der platonische Gedanke hinein, dass sie auch zugleich die Quelle alles Schönen und Guten ist. Dass man jedes Mal, wenn man das Schöne erlebt und gar nicht genug davon bekommen kann, an der Quelle des Göttlichen ist. Dieser Gedanke beherrschte mich. Damit bin ich wieder bei der Sexualität, die ja auch nicht stehen bleibt, die weiter fließt und sich entwickelt, die einen nie satt macht, die immer mehr nach tieferem Erleben verlangt – manchmal bis zur Auflösung der Grenzen des Individuellen. Die lebensweltlichen Dinge bekamen ihre eigene religiöse Würde.

Mag sein, dass das pantheistische Züge trägt. Aber es ist halt so wie es ist. Ich habe mich immer mehr innerlich dagegen gewehrt, diese Erfahrung sofort in eine Schublade zu tun und zu sagen: „So, du bist jetzt Pantheist geworden, du bist kein Christ mehr, du bist kein Katholik mehr." Ich fühle mich immer noch als Katholik mit meiner Emotionalität, auch wenn mir das abgesprochen wird. Ich bin immer noch Christ, auch wenn mein Christsein innerhalb des beschriebenen Rahmens stark pantheistische Züge trägt. Das ist jeweils eine Frage der Begrifflichkeit.

Die Person Jesu ist mir immer wichtiger geworden. Ich war angewidert davon, wie auch sie macht- und kirchenpolitisch eingesetzt wurde. Ich wollte die instrumentalisierte eucharistische Frömmigkeit nicht mehr nachvollziehen. Die Gegenwart Jesu wandelte sich in meinem Leben. Sie wurde immer wichtiger, bestimmender, erlangte immer mehr Bedeutung in meinem Denken.

Krise – Zeit der Entscheidung

Partnerschaft und Arbeit

Die Partnerschaft zwischen Klaus und mir blieb über viele Jahre, auch bei Belastungen, unbeschädigt. Bis zum Jahre 2007. Da waren wir schon fast zwei Jahrzehnte zusammen. Es ist bis dahin gut gegangen, auch weil Klaus studiert und sich dann um seinen Architekturjob gekümmert hat. Wir haben meist zusammen gefrühstückt und zu Abend gegessen. Das Alltägliche war pragmatisch geregelt. Jeder kümmerte sich um etwas, die Aufgaben waren verteilt. 2005 haben wir uns einen Hund angeschafft – ein bisschen als Kindersatz. Der musste auch dreimal am Tag ausgeführt werden. Wir haben ein ganz normales Leben geführt.

Aber unsere Beziehung ist dann doch irgendwann in größere Probleme geraten. Das hing damit zusammen, dass Klaus irgendwann keine Lust mehr hatte, nach Rom mitzukommen und den Cousin zu spielen, weil er immer wieder komisch angeschaut wurde. Belastend war auch mein Gedanke: Wenn wir jetzt nicht zusammen wären, dann hätte ich schon meinen Lehrstuhl, dann wäre ich vielleicht glücklicher.

2007 hat sich Klaus in einen anderen Mann verliebt. Für ihn war das konsequent. Aber es wurde für ihn zu einem ernsten Problem. Er hatte nicht die Kraft, mit mir darüber zu reden. Ich habe gespürt, aber nur nebenbei, dass irgendetwas nicht in Ordnung war. Und ich habe bemerkt, wie es mir psychisch immer schlechter ging. Klaus hat sich immer mehr abgekoppelt. Irgendwann kam es dann zu einem Gespräch und zum Knall. Da ist für mich eine Welt zusammengebrochen. Ich hatte mich in den 25 Jahren, in denen wir zusammen waren, nie in einen anderen verliebt. Er auch nicht. Wir haben in dieser Hinsicht ziemlich arglos gelebt. Ich war so naiv zu glauben, dass alles wieder gut wird. In vielen schwulen Beziehungen haben die Partner nach drei Jahren keinen Sex mehr miteinander und leben nur noch pragmatisch zusammen. Das war bei uns nicht so. Wir hatten viel Spaß miteinander.

Aber auf der emotionalen Ebene war offensichtlich etwas geschehen. Klaus hatte jemanden gesucht und gefunden, der auch in der Öffentlichkeit ganz für ihn da war. Er war Schauspieler, hat ihn zu Premieren mitgenommen, dort konnten sie zusammen auftauchen. Zu mir hat er immer gesagt: „Ich gehe dahin und dorthin." Ich habe mir nichts dabei gedacht, aber schließlich gespürt, dass irgendetwas nicht mehr stimmte. Er hatte sich verliebt. Katastrophe! Dann gab es viele Gespräche, die sehr emotional und tränenreich waren. In diesen Gesprächen habe ich gemerkt, dass es keine Machtspiele waren, die Klaus spielte. Er litt auch unter der Situation, konnte aber nicht aus seiner Haut heraus. Dann ist er für eine Woche ausgezogen, hat im Büro geschlafen.

In der Paartherapie, die wir begonnen haben, ist mir klar geworden, dass wir andere Wege suchen müssen und dass es so nicht weiter gehen konne. An diesem Punkt setzte die Entwicklung ein, die dann zu meinem öffentlichen Outing 2010 geführt hat. In meiner Bibliografie kann man sehen: Ich habe seit 2007 immer weniger veröffentlicht. Die Zeitschrift „Theologisches" habe ich noch weiter gemacht, weil kein anderer da war und mich eher liberale Leute darum gebeten hatten, zu bleiben, damit „Theologisches" nicht endgültig zum Revolverblatt würde. Ich habe ganz alte Sachen publiziert und nur noch drei Artikel für ein Thomas-Handbuch geschrieben. Anfang des Jahres 2009 habe ich dann eine Anfrage von der römischen Glaubenskongregation bekommen. Ich sollte für sie als Lektor arbeiten. Diesen Posten habe ich, eigentlich entschlossen aufzuhören, nur noch aus Neugierde angenommen, nicht mehr aus Überzeugung. Ich sollte zwei Zeitschriften überwachen. Aber ich habe nie irgendetwas nach Rom gemeldet.

An einigen Wochenenden ist es bei uns jetzt so, dass wir die Tage ganz für uns reservieren und, auch mit Freunden, nur das unternehmen, wozu wir Lust haben. Da findet kein Internet statt, ich lese keine Mails, ich schalte das Diensthandy ab und gehe nicht ans Telefon. Das, was da dann passiert an Begegnung und auch Ekstase, hat für mich eine religiösere Bedeutung (im weiteren Sinne) als jeder Gottesdienstbesuch.

Für die Krise in der Beziehung und für meine Workaholic-Mentalität gibt es sicher auch verborgene Gründe in meiner Kirchenzeit. Die Kirche versucht immer noch Genuss zu unterbinden. Das ist kalkulierte Machtpolitik. Wenn man dem Menschen vorgibt, dass grundlegende Bedürfnisse, die er hat, die auch zum absoluten Genuss werden können, einzuschränken sind, dann hat man einen ganz empfindlichen Punkt getroffen und kann Macht ausüben. Dass man trotzdem strategisch klug damit umgehen kann, zeigt, dass man durchaus Genuss zulässt.

Ich habe in Rom immer wieder Genussmenschen getroffen. Wenn es Einladungen gab, dann ist man für 400-500 Euro zum Abendessen gegangen. Das ist ein Bereich, den die Kirche zulässt, wenn er nicht gerade in die Fastenzeit fällt, und über den manches sublimiert wird. Alkohol spielt auch eine ganz große Rolle. Aber es ist von der Kirche reglementiert. Das eine darf man und das andere darf man nicht. Sexualität greift, weil sie emotional noch stärker aufgeladen ist als das Essen, noch tiefer in die Persönlichkeitsstruktur des Menschen ein. Die Kirche kann gar nichts Schlechteres tun, wenn sie ihre Macht aufrechterhalten will, als zum Laissez-Faire überzugehen. Den Einfluss auf die breiten Massen hat sie in dieser Hinsicht längst verloren. Aber bei einzelnen Menschen, bei den engsten Mitarbeitern, hat sie diesen Einfluss noch. Auf diese Weise kann sie sie entsprechend loyal halten.

SEXUALITÄT DRÜCKT DEN WILLEN GOTTES AUS

Sexualität ist Zeichen, Symbol und Mittel unserer Bestimmung zur Kommunikation und Gemeinschaft…

Das Geheimnis unserer Sexualität liegt in unserem Bedürfnis, auf andere Menschen zuzugehen und sie physisch und spirituell in die Arme zu schließen. Sexualität drückt so den Willen Gottes aus, dass wir unser wahres Menschsein in der Beziehung auf andere Menschen finden.

James B. Nelson

Zuspitzung

Der Weg zum Outing

Der Weg, der zu meinem Outing führte, war folgerichtig. Zum einen war es die Beziehungskrise von 2007. Zum andern war es so, dass 2005, als Joseph Ratzinger Papst geworden war, der Außenseiterstatus, den ich bis dato für mich beansprucht hatte, immer mehr in die Mitte der Kirche gerückt war. Ich gehörte nicht mehr zu der exotischen, kleinen Gruppe, die im Vatikan und in Deutschland Widerstand geleistet hat. Mit einem Mal war es nichts mehr besonderes, konservativ zu sein. Die Gruppe der Parias, die man jetzt entdeckte, waren nicht mehr die Erzkonservativen und Ewiggestrigen: es waren jetzt die Homosexuellen.

Ab 2005 ließ sich feststellen, unter Ratzinger entsprechend gefördert, dass die Homosexuellen, die man mit „Kinderschändern" und Pädophilen gleichsetzte, zu den Bösewichten geworden waren. Man betrachtete sie als Außenseiter und wollte sie rausdrängen. Wenn schon homosexuell, dann verlangte man das schlechte Gewissen wegen der Veranlagung, man forderte absolute Loyalität, verlangte, dass man sich in die Ecke stellen und schämen sollte. Das hatte auch bei den Gruppen, für die ich gearbeitet habe, überhandgenommen.

Jedes zweite Gesprächsthema war Homosexualität. Wenn man die Äußerungen von Benedikt XVI. in dieser Zeit anschaut, dann muss man den Eindruck gewinnen, dass die Welt im Untergang begriffen ist, weil es Homosexuelle gibt, die die gleichen Rechte beanspruchen wie heterosexuelle Menschen. Das wurde zu einer wahren Phobie.

Es wurde auch für mich zu einem Problem, weil ich es völlig in Ordnung fand, dass ich schwul bin, und dass ich die Freiheit genießen kann, die mir der liberale Staat bietet. Und nun sah ich mich einer Gruppe gegenüber, die diese Freiheit rückgängig machen, sie mir nicht einräumen wollte, die das nicht nur als widerwärtig wegschob, sondern die aktiv in die Politik eingriff. In der Päpstlichen Thomasakademie standen unsere Vorbereitungen zum Thema Naturrecht unter dem Aspekt: Die Staaten müssen bewegt werden, dass Homosexualität gegen das Naturrecht ist und dass, unabhängig von der konfessionellen Bindung des Staates, Homosexualität weiter kriminalisiert werden sollte. Das war die offizielle Marschrichtung im Vatikan. Ich sollte daran mitarbeiten, dass das, was mir wertvoll war und worauf ich meinte, ein Recht zu haben, kriminalisiert würde. Die Kirche hat das zum Teil auch erreicht. 2005 war im „Osservatore Romano" die Nachricht zu lesen, dass der Päpstliche Vertreter bei der Russischen Föderation vorstellig geworden ist und Russland gebeten hatte, ein Demonstrationsverbot für Homosexuelle einzuführen. Was wir jetzt in Russland haben, hat der Vatikan schon 2005 gefordert! Das musste jetzt auch für mich persönlich zum Thema werden. Vorher konnte ich das immer noch verdrängen, weil es auch offiziell nicht wirklich ein Thema war.

Ich begann mich kirchenpolitisch zunehmend zu distanzieren. Als Erzbischof Richard Welson Williamson, der Antisemit von der Piusbruderschaft, rehabilitiert wurde, konnte ich das nicht nachvollziehen. Jahrelang fand ich die Piusbruderschaft gut, aber ihren Antisemitismus konnte ich nicht akzeptieren. Dass jemand, der vorher solche schreckliche Äußerungen gemacht hatte, rehabilitiert wurde, das war mir als Konservativer, der von deutschen Theologen nur mit der Kneifzange angefasst wurde, weil er zu konservativ war, deutlich zu konservativ. Das durfte doch einfach nicht wahr sein! Und Williamson war kein Einzelfall. Auf Grund meiner Kenntnis der Bruderschaft wusste ich genau: Da sitzen Antisemiten ohne Ende drin, die sogar die Todesstrafe für Homosexuelle wieder einführen wollten. Das ging mir einfach zu weit, auch weil ich gespürt habe, dass Rom gar nicht mehr weit davon entfernt war, diesen Weg mitzugehen.

Zu diesem Zeitpunkt habe ich mich zum ersten Mal auf die Seite der Liberalen geschlagen und eine Petition einiger kirchlicher Reformgruppen in Deutschland mit unterzeichnet, mit der Bitte, die Rehabilitation Williamsons zurückzunehmen und die Beschlüsse des Zweite Vatikanischen Konzils weiterhin durchzusetzen und nicht den Schritt in die Ära der Piuspäpste zurück zu gehen. In den konservativen Kreisen hat man sofort bemerkt: Da steht die Unterschrift von David Berger! Das war für sie ein Skandal. Wenige Stunden nach Veröffentlichung der Petition habe ich aus Rom den ersten Anruf von einem Mitglied der Päpstlichen Akademie bekommen. Man forderte mich auf, juristisch dagegen vorzugehen. Dieser Forderung bin ich natürlich nicht nachgekommen. Wie auch? Ich hatte ja tatsächlich die Petition unterzeichnet. Auch anderen Forderungen ähnlicher Art aus konservativen Kreisen habe ich nicht entsprochen.

Von da an hat man versucht, mich immer wieder unter Druck zu setzen. Das ging bis zur subtilen Erpressung. Ich habe mich zum Beispiel geweigert, in „Theologisches" den Artikel eines polnischen Priesters abzudrucken, der forderte, dass Homosexuelle automatisch als Pädophile anzusehen sind. Immer wieder wurde ich einbestellt. Deutlich wurde das Muster: Wir, die Konservativen, wollen ihn halten, aber wir erwarten von ihm, dass er sich homofeindlich und antisemitisch äußert, beziehungsweise solche Äußerungen nicht behindert. Die dauernden Sticheleien und Drohungen hörten nicht auf. Irgendwann kam der Zeitpunkt, an dem ich mir gesagt habe: Du machst das jetzt noch eine Zeit lang mit und wenn es dir zu viel wird, dann klinkst du dich aus. Mir ging es auch um die Erhaltung meiner Missio canonica, der Erlaubnis, schulischen Religionsunterricht zu geben und damit auch um das ökonomische Überleben. Ein guter Bekannter, der liberal war, sagte zu mir: „Du kannst dich jetzt nicht einfach ausklinken, geh' in die Offensive, du verhältst dich immer noch defensiv, wenn du dich zurückziehst, und die Konservativen werden sich als Sieger fühlen! Geh in die Offensive und zeige, welche Erpressungsmechanismen herrschen!"

Ich befand mich damals in einer starken inneren und äußeren Verfassung und war entschlossen, in die Offensive zu gehen. Über kurz oder lang, das wusste ich, würde ich so oder so meine kirchliche Erlaubnis, Religionsunterricht zu erteilen, verlieren. Aber ich hatte trotzdem noch immer etwas Angst davor, in die Offensive zu gehen. Aber aus heutiger Sicht habe ich diesen Schritt als einen ungeheuren Befreiungsschlag erlebt, weil ich die Lasten, die auf mir lagen, abschütteln konnte. Glaubensmäßig und spirituell war ich schon weit von der Welt entfernt, in der ich noch formal lebte. Der Apriltag des Jahres 2010 rückte immer näher.

Ein schwieriger Übergang –
Fragen waren zu klären

Michael Albus

Übergänge, Lebenswenden, Seitenwechsel sind nicht einfach, nicht leichtfertig zu vollziehen. Der Kampf bis zur Entscheidung ist lang und von Phasen der inneren und äußeren Erschöpfung unterbrochen. Der Krieg zieht sich hin.

Es ist spannend, diesen Kampf bei David Berger zu verfolgen: Das Hin und Her, das Abwarten, das Austarieren, das Vorgehen, das Zurückweichen. Zwischen den möglichen oder unmöglichen Alternativen liegt oft ein kräftezehrendes Niemandsland, die Möglichkeit eine Heimat zu finden, rückt in die Ferne, die Gefahr der Depression liegt auf der Hand.

Auch für David Berger waren das, wie zu lesen ist, schwierige Zeiten. Es waren existentielle Fragen zu klären: Die Fragen nach dem Verständnis Gottes, nach der religiösen Lebenspraxis, nach Heil und Unheil, nach Freiheit und Notwendigkeit rückten immer wieder in den Blick und strebten nach einer lebbaren Antwort. Sie wurde und wird herausgefordert durch eine „Moral" des römischen Systems, die fast zwangsläufig solche Brüche „produziert". Das ist kein Fehler im System. Das System ist der Fehler.

Ein Anlass, vor der Entscheidung noch einmal innezuhalten und diese Fragen im Gespräch zu erörtern und zu vertiefen.

Fließend, nicht punktuell

Wie Lebens-
wenden gehen

Albus:

Was ist Spiritualität für Sie?

Berger:

In ruhigeren Situationen, aber auch in der Begegnung mit Menschen lebe ich in dem Grundgefühl, in einem ganz vom Sein durchdrungenen Kosmos aufgehoben zu sein, zusammen mit den anderen Menschen ein Teil dieses Kosmos' zu sein. Daraus resultiert für mich ein grundlegendes Glücksgefühl. Einmal bin ich mir meines eigenen Wertes bewusst, relativiere mich aber zum anderen, weil ich mich als Teil eines Größeren erfahre. Ich fühle mich von einem absoluten Sein gehalten. Ganz bewusst sage ich nicht: von Gott. Sonst kommen sofort wieder die Atheisten und sagen: Das ist der christliche, der persönliche Gott.

Für mich ist der Begriff des ‚Absoluten Seins' noch immer mit der Vorstellung der Person Jesus verbunden. Aber ich weiß, dass es auch anders sein kann, dass ich ohne die zwingende Vorstellung einer göttlichen Person in einem umfassenden Kosmos des Seins aufgehoben sein und alles aus diesem Sein heraus begreifen und verstehen kann.

Albus:

Dieses „Absolute Sein", von dem Sie sprechen, interessiert mich. Ich habe das Gefühl, und es beschleicht mich die Skepsis, dass man mit einer solchen Betrachtungsweise doch wieder in der alten Kiste landet. Ich möchte nicht gleich mit Ludwig Feuerbach in Zusammenhang gebracht werden. Ich sage einfach: Wenn ich von etwas Größerem, Höherem, Weiteren, Tieferen als ich es bin, das mich beseelt und unterwandert, erzähle, dann kann ich dies nur in menschlichen, in anthropologischen Kategorien tun. Es ist mir nicht möglich, über meine menschlichen Erfahrungen hinaus, wozu auch die Begrenztheits- und Entgrenzungserfahrungen gehören, etwas zu sagen über das, was mich übersteigt oder unterwandert. Deswegen erschrecke ich immer mehr, wenn ich solche Begriffe höre wie das „Absolute Sein". Es fällt mir gleichzeitig auch schwer, leichtfertig von einem personalen Gott zu sprechen.

Die Mehrheit der Christen, so auch meine Erfahrung an der Universität mit Theologiestudierenden, glauben nicht mehr an einen personalen Gott. Eher an ein „ozeanisches Gefühl" oder an ein „Weltstrukturprinzip". Was meinen Sie, wenn Sie „Absolutes Sein" sagen?

Berger:
Der Begriff ist eine Abstraktion. Nichts Konkretes, nichts Greifbares, nichts Sichtbares begegnet mir in diesem Begriff, auch nicht ein Mensch. Aber trotzdem spricht er von einer allumfassenden Präsenz, von einer alles durchwirkenden und durchdringenden Gegenwart. Meine Erfahrung ist, dass man mit dem Seinsbegriff gegenüber der Mentalität der Gegenwart auf eine Verständnisebene kommt. Schon weil er eher philosophisch ist und nicht unbedingt eine Schöpfung im traditionellen Sinne voraussetzt. Ich bin der Überzeugung, dass das Seiende aus dieser „Quelle des Seins" hervorgegangen ist, geschaffen wurde. Mit ihm kann ich mir auf dem Grund meiner eigenen Sterblichkeit eine Ahnung verschaffen vom Unsterblichen, vom Ewigen. Ich wüsste nicht wie ein Seiendes überhaupt möglich wäre, wenn es nicht das absolute, ewige Sein gäbe. Im sterblichen Menschen begegnet mir das Unsterbliche.

Wenn ich einem schönen Mann begegne, mich in einer schönen Landschaft bewege, weist mich das immer auch auf eine höhere Schönheit hin. Alle konkreten Dinge weisen mich auf einen „Schöpfer", alle Flüsse auf eine Quelle hin. Das finde ich erleichternd, nichts steht „über" mir oder belastet mich. Vorausetzung ist, dass ich mich selber relativieren kann. „Demut" nennt das die Tradition der Mystik – für mich ist daran nichts Ehrenrühriges. Wahrhaft große Menschen sind immer demütige Menschen in diesem Sinne.

Albus:

Die Frage ist auch, wie weit man sich absolut setzt?

Berger:

Das tut man damit gerade nicht! Oder? Gerade in der Sterblichkeits- und Endlichkeitserfahrung weiß man sich von einem höheren Sein abhängig.

Albus:

Ich bleibe da hängen. Mein Da-Sein ist mir schon Schönheit, Hässlichkeit und Problem genug. Warum muss ich das mit einem abstrakten Begriff noch krönen, überhöhen?

Berger:

Es bietet sich für mich denkerisch geradezu an, dass es so etwas geben muss. Ich spüre eben, dass ich mir nicht selbst genug bin.

Albus:

Wie?

Berger:

Indem ich nach immer mehr suche und verlange, kommt bei mir die Überzeugung zustande, dass es mehr als alles geben muss. Das ist das alte klassische, philosophische, teleologische

Denken: Wenn der Mensch nach mehr sucht, wenn ein *deside-rium naturale*, ein natürliches Verlangen vorhanden ist, dann muss es auch ein Ziel, einen *telos* geben. Sonst wäre das Verlangen, das Bedürfnis gar nicht im Menschen. Das mag naiv klingen. Dennoch ist es eine grundlegende Einsicht, die mir sagt: Gerade in deinem Nie-Satt-Werden wird ein größerer Hunger sichtbar. In allen Erfahrungen gibt es das Mehr, das Plus.

Albus:

Ich brauche dazu kein „höheres Sein". Klar ist: Das existentielle Defizit, die Sehnsucht nach mehr, kann ich aus dem Menschen nicht eliminieren. Aber mein Standpunkt heute: Dann lasse ich es so stehen, dann lasse ich den Gott, den ich mir aus der Sehnsucht und dem Defizit erschaffe, gehen und schaue einfach mal, was er mit mir macht – ohne ihn zu leugnen. Ich frage mich: Müssen wir immer noch ein Gerüst oder ein Dach über unseren Erfahrungen haben, damit es unten nicht reinregnet?

Berger:

Ich sehe das nicht als Dach, als Gerüst, sondern als Tiefe, in die ich vordringe. Das Bild vom Dach oben drüber ist mir verhältnismäßig fremd. Müsste ich das, was ich meine, bildlich ausdrücken, dann sage ich: Es ist wie eine Kugel, an deren Außenwand ich immer noch grabe, aber weiß, dass es noch unheimlich tiefer geht. Der Zentralpunkt, der mich komplett erfüllt, der fähig ist meine Sehnsucht letztendlich zu stillen, kommt noch. Das mag wie eine Naivität im Denken und im Fühlen erscheinen. Aber diese Vorstellung trägt mich nach wie vor.

Albus:

Wenn Sie diese Vorstellung trägt, dann hat sie ihre Berechtigung für Sie und darf Ihnen nicht abgesprochen werden. Streitig gemacht werden kann sie Ihnen schon. Dann ist das

Ihr Weg, Ihr Denken, Ihr Fühlen. Was im Christentum Platz gegriffen hat im Laufe der Zeit war allerdings das Dekret nur eines möglichen Weges. Dieser eine Weg wurde sanktioniert, reglementiert. Andere Wege wurden diskriminiert, ja kriminalisiert. Heute erwacht die Frage nach dem Sinn des Lebens in den Seelen. Jede und jeder will seinen eigenen Weg gehen und gehen dürfen, ohne Befehle und Vorschriften. Da liegt einer der Grundkonflikte zwischen der Kirche und dem modernen Menschen. In militärischen Kategorien: Die Soldatinnen und Soldaten verlassen die Kaserne und machen Befehlsverweigerung, nicht Auftragsverweigerung! Sie gehen ihren eigenen Weg.

Berger:

Im Auszug aus der Kaserne sehe ich mehr eine innere Emigration. Ich bin ja erst einmal in den Strukturen drin geblieben, habe mein ganzes inneres und religiöses Fühlen rausgenommen, es sozusagen privatisiert, habe gesagt: „Da kommt ihr mir nicht ran, das könnt ihr weder fördern, noch zerschlagen." Von daher war das zunächst eine innere Emigration, die dann aber im Laufe der Zeit zu einer äußeren geworden ist. Längst gehöre ich inzwischen zu den Soldaten, die gegen ihre ehemalige Kasernenleitung kämpfen.

Albus:

Der große Irrtum besteht darin, dass man meint, innere und äußere Emigration voneinander trennen zu können. Das kommt irgendwann nach außen. Die Sonne bringt es an den Tag!

Deswegen wieder die Frage: Was hat Sie so lange drinnen gehalten? Die Frage ist erst zum Teil beantwortet.

Berger:

Was mich drinnen gehalten hat ist ein Wesenszug bei mir. Auf der einen Seite bin ich jemand, der gern in der Defensive lebt, der auch gerne eine Außenseiterrolle einnimmt, auf der anderen Seite bin ich einer, der, darin mag eine gewisse Schizophrenie liegen, unglaublich harmoniebedürftig ist. Und dann war da noch die Tatsache, dass die Alternativheimat, die schwule Welt (wo sie mehr ist als Sex unter Männern) nicht unbedingt ein verlockendes Angebot darstellte.

Albus:

Sie sind ein ganz normaler Mensch!

Berger:

Ja, wobei das bei Menschen auch unterschiedlich ist. Manchmal kommt ja der Wunsch, Außenseiter zu sein oder andere Rollen zu spielen auch aus einer Lust am Streit. Es gab Menschen im Vatikan und in Deutschland, die ich auf der menschlichen Ebene sehr sympathisch fand und mit denen ich nicht unbedingt breche, die ich nicht enttäuschen wollte. Auf Grund meines Harmoniebedürfnisses hat sich der Bruch in die Länge gezogen.

Albus:

Mir war jetzt nur wichtig von Ihnen zu erfahren, was Sie so lange in der Kaserne gehalten hat. Ich kann den Weg, den Sie geschildert haben, sehr gut nachvollziehen, ja auch verstehen. Bleibt die Frage stehen, welchen Preis Sie dafür gezahlt haben und weiter werden zahlen müssen? Viele Bewegungen, die von der Kirche als Ausbrüche gesehen werden, sind eher Aufbrüche, Teil der persönlichen Freiheitsgeschichte.

Die Gewissheit, nicht mehr erpressbar zu sein

Tag der Entscheidung – öffentliches Outing

Bis zum Tag der Entscheidung hatte sich sehr viel angestaut. Dann aber reichte ein relativ geringer Anstoß. Das Stellwerk wurde hochgezogen und die angestauten Wassermassen schossen heraus und rissen alles mit.

In der ARD-Sendung „Anne Will" fällte der Essener Bischof Overbeck sein Urteil gegenüber Rosa von Praunheim: Homosexuell sein ist eine Sünde, weil gegen die Natur gerichtet.

Von diesem Zeitpunkt an begann sich eine eigene Dynamik bei mir zu entfalten. Ich machte meine Homosexualität öffentlich. Viele haben mich danach erstaunt gefragt, wie man denn nach einer Fernsehsendung sein Leben komplett ändern könne? Aus einem solchen Anlass?

Im Essener Bischof hat nicht nur ein Einzelner gesprochen. Ein System hatte sich offenbart. Wenn es nicht Overbeck gewesen wäre, dann wären es Kardinal Joachim Meisner oder Fürstin Gloria von Thurn und Taxis gewesen.

Ich hatte Rosa von Praunheim schon vorher gekannt, mit ihm zusammen in einem Film über die Hölle den konservativen Theologen-Part gespielt. In der Diskussion hatte von Praunheim den Ist-Stand der gültigen kirchlichen Lehre wiedergegeben: Homosexualität ist an und für sich keine Sünde.

Overbeck hatte dann durch eine Freud'sche Fehlleistung eine Radikalisierung vorgenommen und offenbar gemacht, wie das System ‚Kirche' wirklich tickt und gezeigt, wie inkonsequent die gesamte Konstruktion von Veranlagung und Ausleben ist. Ich hatte schon lange im Vorfeld erfahren, wie sehr schwule Priester, die sich mir anvertraut hatten, darunter gelitten haben und dadurch z.T. psychisch schwer krank geworden sind. Nun war mir endgültig klar, dass ich nicht mehr so weitermachen konnte wie bisher.

Meine erste Reaktion war eher ein bisschen feige. Ich wollte mich aus allem rausziehen, mich nur noch auf meinen Lehrerberuf konzentrieren und alles andere im System aufgeben. Ich wollte einfach abhauen, alle Ämter niederlegen.

Verschiedene Gespräche haben mich aber zur Überzeugung gelangen lassen, dass ich eine klare Entscheidung fällen und in die Offensive gehen musste. Ganz wichtig war in diesem Augenblick auch, dass Klaus mir die Sicherheit gab, dass er zu mir stand, dass ich mich auf ihn verlassen konnte.

Ein liberaler Freund hat dann den Kontakt zur „Frankfurter Rundschau" hergestellt. Dort fand ich in Joachim Frank einen verständnisvollen und erfahrenen Redakteur. Ich habe aufgeschrieben, was mich letztlich zum Outing geführt hat und wo aus meiner Sicht die Probleme bei der katholischen Kirche liegen. Dann haben die Dinge ihren eigenen Lauf genommen.

Entscheidend war für mich erstaunlicherweise nicht die Tatsache der Veröffentlichung in der Zeitung, sondern dass Kreuz.net, im Stil etwas gemäßigter auch Kath.net, in der dort üblichen perversen Schreibart mitteilte: „Jetzt hat sich das perverse Schwein geoutet! David Berger ist schwul!" – Da wusste ich: Das ist jetzt raus, die können mir nichts mehr anhaben! Jetzt war ich ohne Taktik und Finessen wirklich frei. Ab diesem Punkt habe ich gespürt, wie belastend das Ganze für mich über die Zeit hin gewesen war.

Wenn man halb taub auf die Welt gekommen ist und plötzlich wieder richtig hören kann, dann merkt man erst was einem wirklich entgangen ist. Mein Freiheitsgefühl war vorherrschend und überdeckte alles andere, was noch ein Problem hätte sein können.

Zum einen war es das Gefühl und die Gewissheit, nicht mehr erpressbar zu sein und komplett neu beginnen zu können. Es war ein bisschen so, wie wenn man eine Wohnung ausgemistet hat. Ich konnte endlich der sein, der ich eigentlich war, ich musste mich nicht mehr verstellen. Ich war von den alten Skrupeln und Zweifeln befreit. Das war, wie wenn man eine Bleischürze nach dem Röntgen abgenommen bekommt. Es war eine Art Erlösung.

Das Outing war für David Berger nicht nur Befreiung. Jetzt, wo er nicht mehr im Stress des Rollenzwangs war, kamen noch ganz andere Fragen auf. Fragen, die unterschwellig im Prozess der Loslösung aus der „alten Welt", zum Beispiel der Kirche, schon immer da waren, die aber verdeckt wurden durch, durch die Zwänge im Vordergrund.

Die Krise begann erst jetzt: die Zeit der Entscheidungen, die sich aus der Grundentscheidung ergaben.

Wir kamen darüber in ein offenes Gespräch.

Michael Albus

Der Rollenzwang war weg

Keiner weiß, wer er wirklich ist

Albus:

Jetzt wird es richtig spannend. Wer sind Sie eigentlich? Wer waren Sie vorher, wenn Sie meinen, jetzt der zu sein, der Sie eigentlich sind und immer waren oder sein wollten? – Wer bin ich eigentlich? – Das ist die Frage vieler Menschen.

Berger:

Keiner weiß in seiner Komplexität, wer er wirklich ist. Da geht es mir auch nicht anders als allen anderen Menschen. Aber es gibt bestimmte Charaktermerkmale, Nuancen, die das Ich ausmachen. Viele unterbewusste Schichten gehören dazu.

Wenn ich nach einem durchgehenden Zug suche, der meine Persönlichkeit und mein Ich ausmacht, dann entdecke ich ein ganz großes Bedürfnis nach Grenzüberschreitung im religiösen, aber auch im sexuellen Sinn, nach Zuneigung und Liebe. Aber vor allem den Versuch, dem Absoluten möglichst nahe zu kommen, das Absolute irgendwie zu erleben. Dabei natürlich auch immer wieder zu erleben, wie kontingent ich bin, was die Spannung weiter aufrechterhält.

Was ich dazwischen war, ist ein Stück weit Felix Krull, der Hochstapler, das Schlüpfen in andere Rollen, das Spielen von anderen Rollen. Ein Schüler hat mir, nachdem ich mich geoutet hatte, geschrieben: „Jetzt weiß ich warum Sie mit uns Felix Krull gelesen haben." Das hat mich sehr beeindruckt. Wir hatten über „Sein und Schein bei Felix Krull" gesprochen. Felix Krull wusste natürlich genau, wie schmutzig es hinter den Kulissen des Hotels ist, in dem er arbeitete und das alles nur Kulisse ist. Aber er fand die Kulisse, fand die Scheinwelt trotzdem faszinierend. Da hat der Schüler recht gehabt: Auch ich war fasziniert von der Kulisse, von der Scheinwelt, fasziniert davon, dass ich mich in der Kulisse aufhalten und trotzdem in einer anderen Welt zu Hause sein konnte. Auch die Erfahrung, dass die anderen mitspielten bei diesem Auftritt, obwohl sie genau wussten, was sich in meinem Privatleben abspielte. Es war eine Rolle, die mir Spaß gemacht hat, die aber auch Rückschlüsse auf die spielende Person zuließ, die auch gerne einmal versuchsweise andere Rollen annimmt. Und die sich die ganze Zeit darüber im Klaren ist, dass es eine Rolle ist, die sie spielt, die sie aber sehr ernst genommen hat. Das darf man nicht abwerten. Je besser jemand eine Rolle spielt, desto überzeugter ist er von dem, was er eigentlich spielt.

Albus:

Was ist aufgrund der Befreiung von ihnen abgefallen, dass Sie plötzlich sagen: Jetzt ist der Deckel von etwas genommen, was mein Eigentliches ist?

Berger:

Abgefallen ist von mir die immer enger werdende Verbindung von Rolle und Person. Als der Rollenzwang offensiv und konsequent weg war, bestand nicht mehr die Notwendigkeit, die Rolle glaubhaft zu spielen und sich so in die Rolle hineinsteigern zu müssen, dass ich irgendwann geglaubt habe: Das bin ich wirklich. So ging es Felix Krull auch. Er musste am Ende das auch erfahren. Dieses Buch von Thomas Mann, „Die Bekenntnisse des Hochstaplers Felix Krull", hatte ich für die Schüler ausgesucht, weil ich dachte: Das ist eine schöne Lektüre für Zehntklässler. Bis ich nach und nach gemerkt habe: Das war kein Zufall, dass ich diese Lektüre ausgewählt habe. Das war mir nicht bewusst. Aber es hat sich gezeigt. Das alles ist von mir abgefallen und die Einsicht stellte sich ein, wie leicht sich Rollen abstreifen lassen. Dann steht man in einer befreiten Nacktheit da.

Albus:

Und das haben Sie dann in der Tageszeitung „Frankfurter Rundschau" in aller Deutlichkeit provokativ formuliert, und damit öffentlich gemacht. Der Artikel liest sich wie ein Protokoll langer Jahre im Exil.

Im April 2010 erschien in der „Frankfurter Rundschau" folgendes Bekenntnis von David Berger.

„Ich darf nicht länger schweigen"

Von David Berger

Er hat in der katholischen Kirche Karriere gemacht – obwohl er schwul ist. Jetzt outet er sich – und legt ein perfides Unterdrückungssystem offen. Ein Bekenntnis des Theologen David Berger.

Manchmal genügt ein kleiner Funke, um eine längst fällige Explosion auszulösen. Dieser Funke war in meinem Fall der Auftritt des Essener Bischofs Franz-Josef Overbeck in der ARD-Sendung Anne Will am 11. April. Noch am Nachmittag hatte ich lange mit einem befreundeten Priester telefoniert, der aufgrund seiner Homosexualität schwer depressiv ist. Ich tröstete ihn unter anderem mit dem neuen „Katechismus der Katholischen Kirche" von 1992, der gegenüber homosexuellen Menschen Respekt und Taktgefühl fordert und jede ungerechte Zurücksetzung verurteilt.

Wenige Stunden später dann das einem Millionenpublikum vorgetragene Verdikt Overbecks, dass es „eine Sünde ist, homosexuell zu sein". Und als wollte er Overbeck noch überbieten, hat der mächtigste Mann der Kirche nebst dem Papst, Kardinalstaatssekretär Tarcisio Bertone, einen Tag später kein Problem damit, einen kausalen Zusammenhang zwischen Homosexualität und den Missbrauchsfällen in der katholischen Kirche zu behaupten.

In diesem Moment war mir klar: Ich darf zu solchen Äußerungen nicht länger schweigen – in gewissem Sinne habe ich mich an ihnen mitschuldig gemacht durch meine langjährige Arbeit für das konservativ-katholische Lager. Noch am gleichen Abend legte ich das Amt des Herausgebers und Schriftleiters der Zeitschrift „Theologisches" nieder, die seit mehr als 30 Jahren als wichtigstes und auflagenstärkstes Organ dieser Gruppe gilt.

Schuldgefühl als Motivation

Begonnen hatte im Grunde genommen alles mit meiner Faszination für die althergebrachte lateinische Liturgie im „tridentinischen Ritus": prachtvolle Barockgewänder und edle Brüsseler Spitze, klassische Kirchenmusik, Weihrauchschwaden, eine großartige Inszenierung, vor der jeder Opernregisseur neidvoll erblassen muss, und das alles fest in männlicher Hand.

Diese hoch raffinierte Verbindung von Ästhetischem und Sakralem (Karl Rahner) machte mich zum einen unempfänglich für jene Inszenierungen, die die Schwulenszene gleichsam mit dem Rang eines Religionsersatzes ausgestattet und dabei zahlreiche formale Anleihen bei der katholischen Kirche genommen hat, von den jährlichen CSD-"Prozessionen" bis zu kultisch zelebrierten Fetischorgien. Zum anderen lernte ich über mein Interesse an der traditionellen Liturgie andere schwule Männer in meinem Alter kennen, die sich auch dafür einsetzten, teilweise an führenden Stellen der Kirche.

So war es kein Zufall, dass meine erste Seminararbeit, die ich im Fach Dogmatik verfasst hatte, in der Una Voce Korrespondenz erschien, einer Zeitschrift, die sich vor allem für das Fortbestehen der klassischen Liturgie einsetzt. Mich als jungen Studenten machte es stolz, meinen Namen gedruckt zu sehen, und sehr bald bekam ich auch zahlreiche unterstützende Briefe, vor allem von Männern aus dem universitären Bereich. Erste Einladungen zu Vorträgen bei der Piusbruderschaft und ähnlichen Gemeinschaften folgten.

Ich nahm sie an mit der Naivität des Studenten, der nicht weiter nach den Hintergründen dieser Gemeinschaften fragt. Natürlich tauchte in jenen Jahren im Gespräch mit Freunden immer wieder die Frage auf: Wie kannst du ausgerechnet eine Theologie und Kirchenpolitik unterstützen, die solch eine intolerante Einstellung zur Homosexualität hat? Neben der schon angesprochenen Ästhetik, die in ihrer ganzen Gestalt der homosexuellen Kultur sehr nahe steht, war es womöglich auch ein unterbewusstes Schuldgefühl, das mich besonders motivierte, jetzt – gleichsam zur Sühne – erst recht und besonders papst- und kirchentreu zu sein.

Schneller als ich recht nachdenken konnte oder wollte, war ich mitten ins extrem konservative katholische Milieu geraten. Meine Promotion und meine Habilitation waren deshalb nicht gerade leicht, aber – dank sehr liberaler Theologen – möglich. Mein Schwulsein wurde niemals in irgendeiner Weise thematisiert. Den eigentlichen Höhepunkt meiner Verankerung im traditionalistischen Spektrum freilich stellte die Ernennung zum Herausgeber der Zeitschrift „Theologisches" im Sommer 2003 dar.

Das Vorgespräch dazu fand in meiner Privatwohnung statt. Dass dort nicht die katholische Idealfamilie mit Frau und fünf Kindern anzutreffen war, war offensichtlich. Die Diskrepanz zwischen meiner neuen geistigen Heimat und meiner sexuellen Veranlagung, die bis dahin nie wirklich ein Problem für mich und mein ganzes Lebensumfeld dargestellt hatte, fiel mir zum ersten Mal bei einem Abendessen auf, zu dem ein wohlhabender, der Zeitschrift Junge Freiheit nahe stehender Jurist und Förderer der Traditionalistenszene wichtige Vertreter derselben eingeladen hatte.

Am Tisch wurde über homosexuelle Priester gesprochen, die angeblich ein Netzwerk zur Unterwanderung der Kirche von innen betrieben. Dann erweiterte die Runde das Thema auf alle Schwulen und bemerkte ganz frei, wie katastrophal sich die Abschaffung des Paragrafen 175 ausgewirkt habe. Man könne über das „Dritte Reich" ja denken, was man wolle, damals jedenfalls habe man das Problem zu lösen verstanden. Sollte heißen: ein kaum kaschiertes

Einverständnis mit dem Terror der Nazis, die Schwule und Lesben in KZs gesperrt und ermordet hatten.

Ich schwieg zu solchen Ungeheuerlichkeiten und fühlte mich sehr schlecht dabei. Mein Schweigen aber verunsicherte ganz offensichtlich meine Gesprächspartner und andere, die darüber informiert wurden. Immer wieder und immer häufiger wurde in meiner Gegenwart das Thema Homosexualität angesprochen, wohl um prüfend eine Reaktion meinerseits herauszukitzeln.

Besonders in Erinnerung ist mir ein Gespräch mit einem rheinischen Kirchenfürsten, der mich in meiner Eigenschaft als Herausgeber von „Theologisches" zum Tee eingeladen hatte. Völlig zusammenhanglos erzählte er mir, er achte peinlich darauf, niemals homosexuell Veranlagte zu Priestern zu weihen, so dass diese in seiner Diözese nicht vorkämen. Wer weiß, wie viele schwule Priester es in jedem katholischen Bistum gibt, dem ist klar: Hier war das Programm der Unehrlichkeit auf den Punkt gebracht. Der Schein einer heilen katholischen Märchenwelt soll um jeden Preis gewahrt bleiben.

Und ich selbst war Teil dieses heuchlerischen, bigotten Systems. Erst durch den „Fall St. Pölten", wo es im Priesterseminar der Diözese zu homosexuellen Orgien gekommen war, und durch Gespräche mit homosexuellen Priestern aus meinem näheren Bekanntenkreis wurde mir bewusst, dass im Hintergrund dieser Unehrlichkeit nicht Blauäugigkeit oder Verdrängung stehen, wie ich anfangs angenommen hatte. Vielmehr benutzen wichtige Stellen der Kirche – ganz unabhängig davon, ob sie kirchenpolitisch eher konservativ oder progressiv einzuschätzen sind – den schönen Schein, um im Verborgenen eifrig Informationen über jene zu sammeln, die sie der Homosexualität verdächtigen.

Das belastende Material kommt freilich immer erst dann zum Einsatz, wenn man es braucht. Sobald jemand nicht so läuft, wie sich die Kirchenoberen das wünschten, setzen sie die Homosexualität des Betreffenden als Druckmittel ein, um ihn gefügig zu machen. Unter dem Machtaspekt gibt es für einen Bischof also nichts

Besseres als einen katholischen Priester, der seine Homosexualität schamhaft versteckt.

Ich stelle mir heute die Frage, warum sich ein so hoher Anteil homosexueller Männer von einer Institution angezogen fühlt, die ihre Veranlagung nach außen aggressiv ablehnt und nach innen für ein System perfider Unterdrückungsmechanismen missbraucht. Ich glaube, bei den meisten wird es kaum anders gelaufen sein als bei mir selbst. Ich könnte von vielen prägnanten Fällen berichten, mehr oder weniger prominenten. Aber ich werde niemanden gegen seinen Willen outen und beschränke mich deshalb auf mein eigenes Erleben.

Ich bin mir aufgrund des Verhaltens und der Äußerungen meiner Mitarbeiter bei „Theologisches" sicher, dass die wichtigsten Entscheider und Autoren der Zeitschrift schon bei meiner Ernennung zum Herausgeber und Schriftleiter von meinem Schwulsein wussten. Ideologisch konnte ihnen das nicht passen. Aber zupass kam ich ihnen trotzdem.

Mein Vorgänger war dem Förderkreis der Zeitschrift zu eigenständig geworden, und so rechnete man wohl mit einem linientreuen, willigen und wegen seiner sexuellen Veranlagung obendrein gut domestizierbaren neuen Herausgeber. Auf Drängen des Philosophen Walter Hoeres und des inzwischen verstorbenen Kardinals Leo Scheffczyk nahm ich das Amt an, das ich nicht erstrebt hatte.

Doch dann arbeitete ich nicht so, wie sich manche das vorgestellt hatten. Politisch rechtsradikale Autoren, antisemitische, homophobe und andere grob menschenverachtende Beiträge duldete ich fortan nicht mehr. Abstrusen Marienerscheinungsfanatismus, der sich vor allem auf den kirchlich nicht anerkannten mittelfränkischen Erscheinungsort Heroldsbach bezog, unterzog ich der Kritik. Dies führte dazu, dass aus dem Umkreis der Zeitschrift und über die reaktionäre Internetseite kreuz.net gezielt Gerüchte über mich, meine Homosexualität und mein angebliches Sexualleben gestreut wurden. Es zeugt vielleicht von meinem eher harmlosen

Privatleben, dass meine Gegner nichts in der Hand hatten außer mein Facebook-Profil, auf dem die Fotos meiner Facebook-Freunde zu sehen sind – und ein Link, den ich zu den „Gay Games" in meiner Heimatstadt gesetzt habe.

Zunächst tauchte all das nur im kreuz.net-Leserforum auf, nach einem kritischen Interview über den Vulgärtraditionalismus und einer von mir verfassten Glosse über die Seite aber auch als „Nachricht" im redaktionellen Teil. Die Folge: große Aufregung bei der Fördergemeinschaft von Theologisches! Und damit verbunden die Frage: „Stammen diese Beiträge wirklich von Ihnen? Das ist Ihnen doch von Feinden des Glaubens untergeschoben worden! Sie schreiben doch nicht auf Seiten, auf denen auch Homosexuelle schreiben! Sie müssen sofort dementieren, dass das von Ihnen ist!"

Auch das gehört zur unehrlichen Wahrung des Scheins, wenn man glaubt, jemanden (noch) gut gebrauchen zu können. Typisch für diese Methode ist der Entlassungsbrief, den mir der Schweizer Dogmatikprofessor Manfred Hauke schrieb, in ganz Europa der erbittertste Gegner der Diakonen- und Priesterweihe für Frauen. In seinem Brief heißt es ganz unverhohlen über mich: „Erstaunlich ist freilich die Unverfrorenheit, mit der er selbst das Licht der Öffentlichkeit gesucht hat. Wir hätten ihm sonst die Chance gegeben, nach einem Rücktritt diskret von dem Milieu Abstand zu nehmen, von dem sein Auftritt bei Facebook ein trauriges Zeugnis ablegt, und sich auf seinen verantwortungsvollen Stand als habilitierter Theologe neu zu besinnen."

Ob ich nun eine Petition zugunsten des Zweiten Vatikanischen Konzils und gegen die Rehabilitierung des Holocaustleugners Richard Williamson unterschrieb oder ob ich einen Artikel veröffentlichte, der nicht ins neokonservative Weltbild passte – ich wurde nun immer zu einem ernsten Gespräch einbestellt. Zur Sicherheit waren immer zwei Geistliche anwesend, und immer fielen in diesen Gesprächen Bemerkungen zur Homosexualität. Oft ergaben sie sich gar nicht aus dem Zusammenhang, sondern wurden verschämt eingestreut.

So etwa in einem Gespräch mit zwei Dogmatikprofessoren. Es fiel recht kurz aus, die geistlichen Herren waren hungrig, und wir beschlossen, zum Essen zu gehen. Mein Vorschlag, irgendein Lokal am nahe gelegenen Rudolfplatz in Köln aufzusuchen, löste enorme Bestürzung aus: Das gehe nun gar nicht, dort würden auch sehr oft Schwule einkehren. Wir landeten stattdessen in einem kölschen Brauhaus. Die beiden Kellner, die uns bedienten, kannte ich. Beide sind schwul. Ich tröstete mich mit dem Gedanken, dass wenigstens der Koch, der den geistlichen Herren das Essen zubereitete, heterosexueller Orientierung sein könnte. Seit diesem Vorfall konnte ich die Mitglieder der Fördergemeinschaft nicht mehr wirklich ernst nehmen. Die Zusammenarbeit mit ihnen bedeutete für mich nur noch ein Katz-und-Maus-Spiel. Parallel zur sektenhaften Zunahme homophober Tendenzen im Katholizismus, die ihren vorläufigen Höhepunkt in den Äußerungen von Kardinal Bertone und Bischof Overbeck gefunden haben, stieg auch meine Abneigung gegen jede Form von Unehrlichkeit und gegen die Mechanismen, die sich auf diese Unehrlichkeit stützen. Die Erkenntnis, dass ich selbst Teil der Maschinerie war und sie durch meine Arbeit am Laufen hielt, war ein schmerzhafter Prozess.

Auf dem Weg dorthin half mir meine Beschäftigung mit dem mittelalterlichen Kirchenlehrer Thomas von Aquin, über den ich in den vergangenen Jahren zahlreiche Studien verfasst habe. Das Neue, für das 13. Jahrhundert geradezu Revolutionäre in der Philosophie des Thomas besteht in einer positiv bejahenden Hinwendung zur „Welt", zur realen Wirklichkeit. Thomas betrachtet Wissenschaft und Vernunft unter dem Einfluss einer klugen Aristoteles-Rezeption nun nicht mehr einseitig als Gefahren für den Glauben oder als dessen „Dienstmägde", sondern erkennt ihren Eigenwert.

Angewandt auf das Verhältnis zur Homosexualität, heißt das: Wer Thomas von Aquin, den immer noch maßgeblichen Philosophen der katholischen Tradition, nicht auf periphere Ansichten festlegt, in denen er einfach Kind seiner Zeit ist, sondern sich an den Leitmotiven seines Denkens orientiert, der wird sich ein kluges Urteil über Homosexualität mit Hilfe der modernen Humanwissenschaften bilden. So widersprüchlich es konservativen Katholiken zu sein scheint, so gut wird es vor diesem Hintergrund möglich: Man kann sich als Christ auf Thomas stützen – und zugleich schwul sein.

Mit dieser Thomas-Rezeption verband sich für mich ein neues Verständnis des Begriffs „Tradition": Papst Johannes Paul II. hat dem exkommunizierten Erzbischof Marcel Lefebvre, dem Gründer der Piusbruderschaft, zu Recht ein unzureichendes Traditionsverständnis vorgeworfen, das die Lebendigkeit der Tradition übersieht. Meine ausgiebige Beschäftigung mit theologiegeschichtlichen Fragen ließ in mir die Erkenntnis Raum greifen, dass die katholische Tradition noch viel lebendiger ist, als ich bisher angenommen hatte: Was hat sich in Leben und Lehre der Kirche nicht alles verändert, das über Jahrhunderte als absolut unveränderlich galt? Wenn es möglich ist, in einer ehemaligen Kernfrage der Sittenlehre wie dem Zinsnahmeverbot die kirchliche Lehre komplett zu ändern; wenn zentrale dogmatische Inhalte unter dem Einfluss ökumenischer Beziehungen modifiziert werden – warum sollte dies dann nicht auch möglich sein für die Bewertung der Homosexualität? Warum sollte die Kirche nicht die Ergebnisse der Humanwissenschaften anerkennen, die die Rechtsprechung der zivilisierten Welt ebenso grundsätzlich verändert haben wie den Glaubenssinn der großen Mehrheit der Katholiken?

Wäre dies – auch angesichts der vielen homosexuell veranlagten Priester – nicht ein Zeichen jener neuen Ehrlichkeit, die sich Papst und Bischöfe im Zusammenhang mit dem Missbrauchsskandal vorgenommen haben? Was spricht dagegen, in Anlehnung an das Zweite Vatikanische Konzil zu sagen: „Freude und Hoffnung, Trauer und Angst der homosexuellen Menschen von heute sind auch Freude und Hoffnung, Trauer und Angst der Jünger Christi"? Der hier zitierte Anfang der bedeutenden Konzilskonstitution „Gaudium et Spes" ist übrigens ein Lieblingstext des heutigen Papstes, Benedikts XVI. Der Katechismus der katholischen Kirche von 1992 ist vorbildlich einen wichtigen Schritt der vom Konzil propagierten Öffnung gegangen.

Wovor hat die Kirchenführung Angst, dass sie jetzt wieder zurückfällt in Ausgrenzung und Aversion, statt mit dem Mut des Glaubens und der Vernunft voranzuschreiten?

Schwule in der Kirche

In Deutschland liegt der Anteil Homosexueller an der Gesamtbevölkerung bei rund zehn Prozent. In der katholischen Kirche liegt der Anteil schwuler Geistlicher nach empirischen Forschungen zwischen 25 und 40 Prozent. Theologen wie Wunibald Müller geben an, Ausbilder in katholischen Priesterausbildungsstätten gingen sogar von 50 Prozent aus.

In den USA wird der Anteil schwuler Priester auch auf 25 bis 50 Prozent geschätzt. Laut einer 2002 veröffentlichten US-Studie gaben sieben Prozent der befragten Geistlichen an, sie hätten ihr Amt niedergelegt, weil sie sich als Homosexuelle von ihrer Kirche unverstanden fühlten.

Der Katechismus von 1992 fordert „Achtung, Mitgefühl und Takt" für Schwule. Homosexuelle Handlungen aber verstießen gegen das „natürliche Gesetz, denn die Weitergabe von Leben bleibt beim Geschlechtsakt ausgeschlossen. Sie entspringen nicht einer wahren affektiven und geschlechtlichen Ergänzungsbedürftigkeit und sind in keinem Falle zu billigen".

In der Kongregation für die Glaubenslehre 1986 heißt es: „Die spezifische Neigung der homosexuellen Person ist zwar in sich nicht sündhaft, begründet aber eine mehr oder weniger starke Tendenz, die auf ein, sittlich betrachtet, schlechtes Verhalten ausgerichtet ist. Aus diesem Grunde muss die Neigung selbst als objektiv ungeordnet angesehen werden.

Ich sehe mich authentischer und rollenfreier

Die Zeit nach dem Outing

Ich habe nach der Befreiung einen neuen Raum betreten, bin aus einer engen Kammer in eine weite Halle getreten.

Die Beleidigungen und Verletzungen, die brachialen Drohungen – auch Familienmitglieder wurden mit hineingezogen – die Einschränkung der Lebensqualität, die ich nach meinem Outing aus dem konservativen kirchlichen Bereich hinnehmen musste, waren hart und belastend. Aber ansonsten hat mich das nicht mehr bekümmert.

Mir war klar, aus welchen Motiven die Anwürfe kamen: Ich hatte durch mein Outing eine wunden Punkt getroffen. Im Übrigen haben mir diese Reaktionen auch bestätigt, dass ich die richtige Entscheidung getroffen hatte. Schnell habe ich gelernt, mit diesen Drohungen umzugehen, weil ich wusste, es sind zu 98 Prozent irgendwelche Leute, die im Internet ihre Aggressionen rauslassen. Sie würden aber nicht kommen und mir den Baseballschläger über den Kopf ziehen.

Aber die Sicherheit, mit der ich bis dahin durchs Leben gegangen war, ist anfangs schon erschüttert worden. Ich bin nachts nicht mehr ohne Angst durch die Stadt gelaufen. Vorher habe ich das nicht wahrhaben wollen, wahrscheinlich auch, um stark zu bleiben. Als ich dann die Angst spürte, habe ich das als eine kleine Niederlage empfunden. Es gab immer noch einen verborgenen Punkt der Verletzlichkeit.

Ich selbst sehe mich nach den Ereignissen, die hinter mir liegen nicht anders. Im Kern habe ich mich nicht entscheidend verändert denke ich. Wenn ich mit den Augen meines sozialen Umfeldes auf mich schaue, dann sehe ich mich positiv anders. Ich sehe mich authentischer und rollenfreier. Ich habe den Eindruck, näher bei mir selbst zu sein. Das hat seine Ursachen auch in Außenwirkungen. Man sieht sich nicht nur mit eigenen Augen, sondern auch mit den Augen der anderen. Die Deckungsgleichheit zwischen dem gesagten Ich und dem realen Ich ist deutlich größer geworden.

Da war vorher etwas aus-, das jetzt beieinander ist

Entwickelte Spiritualität

Auf der intellektuellen Ebene, die sicher die unwichtigste ist, ist die Beschäftigung mit und das Interesse an religiösen Themen weiter wach geblieben.

Menschen, denen ich begegne, die mein Buch gelesen haben oder die mich aus dem Fernsehen kennen, sprechen sehr oft mit mir über intime religiöse Fragen, das fällt mir auf. Gerade bei schwulen Männern erlebe ich das, bei denen das eigentlich kein Thema ist. Sie denken, der hat sich selber bloß gestellt, dann kann ich das auch.

Geblieben und verstärkt ist das religiöse Gefühl des Aufgehobenseins. Ich integriere Aspekte der Sexualität, der Liebe, der Partnerschaft stärker in meine Religiosität und Spiritualität. Das konnte ich vorher so nicht. Das war eher abgespalten. Jetzt finde ich das gut. Und es tut mir gut, gibt meinem Leben eine zusätzliche Tiefe. Da war vorher etwas auseinander, das zueinander gehört und jetzt beieinander ist. Dass ich das vorher nicht konnte, lag nicht an einer emotionalen Unfähigkeit, sondern an meiner Rationalität, die diese beiden Komponenten einfach nicht zugelassen hat. Das war auch ein Ergebnis der institutionellen Prägungen meines Denkens.

Da war eine klare Unterordnung der Emotion unter die Ratio vorgegeben. Natürlich ganz stark durch den Thomismus. Ich bin ein Mensch, der unglaublich emotional sein, der auch seinen Trieben nachgeben kann, der andererseits auch eine ganz starke intellektuelle Komponente hat. Hinzu kommt noch die institutionell vorgegebene Devise: Deine Gefühle werden domestiziert durch die Ratio. Die Gefühle habe ich nicht als schlecht angesehen, sie kamen im Denken einfach nicht vor. Ich habe mich immer geweigert, mich intensiver mit Moraltheologie zu befassen. Mit dem Thomismus kommt man auch ganz gut darum herum. Da braucht man seine persönlichen Gefühle nicht zähmen: Was ist gut, was ist böse? Man bewegt sich in einem wertfreien Kosmos der Ideen.

Das System hat
immer noch Macht

Das Verhältnis
zur Kirche

Ich habe keinen Frust oder Rachegefühle, ich verspüre keine Verbitterung gegenüber dem Teil der Kirche, den ich verlassen habe. Danach werde ich immer wieder gefragt. Ich muss auch kritisch bei mir selbst rückfragen, denn manchmal redet man sich nur ein, dass man nicht verbittert ist und man ist es in Wahrheit doch. Ich habe diese Gefühle nicht. Auch weil ich viele Menschen, die in diesem Teil der Kirche aktiv sind, persönlich kennengelernt habe und weiß, welche armen Teufel sie sind. Ich würde ihnen wünschen, dass sie auch zur Freiheit finden. Aber ich weiß genau, dass sie das aus den verschiedensten Gründen nicht wollen, es nicht hinkriegen oder gar nicht können aus ökonomischen Gründen. Warum soll ich auf sie Wut, Hass oder Verbitterung empfinden? Ich habe Mitleid mit vielen von ihnen. Zum Teil bin ich traurig darüber, dass Verbindungen abgebrochen sind, die mir viel wert waren und sind. Mein Verhältnis zum System Kirche ist von ehrlichem Mitleid geprägt. Aber auch von der Tendenz zurückzuschlagen, wenn von dort aus polemisch agiert wird. Ich muss mir die Aggression als schwuler Mann von denen nicht gefallen lassen. Wenn vom System her versucht wird, extrem homophobe Reden zu schwingen, biete ich Paroli.

Das System, von dem ich spreche, hat heute immer noch Macht. Aber es besitzt keine innere, keine moralische Macht mehr. Die Strukturen der äußeren Macht sind aber noch sehr stabil. An diesen äußeren Faktoren der Macht will keiner so richtig rütteln, weil man Instabilität befürchtet. Das ist in Deutschland ganz stark durch unser System, weltweit durch die Macht des Vatikans als Staatswesen mit vielen Gläubigen bedingt. Bei der Europäischen Union gilt der Vatikan oder die katholische Kirche als eine der mächtigsten Lobbys überhaupt, die extrem agiert, um ihre Macht- und Moralvorstellungen durchzusetzen, die auch neue Allianzen sucht – zum Beispiel in der islamischen Welt. In Deutschland sind es die konservativen Katholiken, die eine Allianz mit konservativen Kreisen der CDU oder mit der AfD, der „Alternative für Deutschland" suchen. Was die äußere Macht betrifft, bin ich skeptisch.

Die katholische Kirche wird über die nächsten Jahrzehnte hin eine einflussreiche Lobby bleiben. Die moralische Macht über die breiten Massen in Europa hat sie längst verloren. Deswegen auch der strategische Ansatz von Ratzinger als Papst, der ja nicht dumm war: Wir setzen nicht mehr auf die Massen, sondern wir setzen auf unsere kleine Elite an den Schaltstellen, wir „opus-deisieren" die Kirche, das ist das, was wir gegenwärtig brauchen. Mit den wenigen Überzeugten, die zu uns stehen, können wir mehr erreichen als mit den großen Massen, die ohnehin weitgehend desinteressiert sind und keinen Machteinfluss haben, bei denen die Kirche an Glaubwürdigkeit verloren hat. Je mehr die Kirche spürt, dass sie nur in den Wind redet, wird sie sich an ihre institutionelle Macht klammern. In diesem Kontext muss sie auch weiter die Lust dämonisieren, sie muss weiter bei ihren strikten Regeln bleiben. Mit leichten Erleichterungen natürlich in Kleinigkeiten. Aber hart in den wichtigen Dingen. Weil sie sich machttheoretisch an die institutionelle Macht klammern muss, glaube ich nicht, dass sie den Mut haben wird, größere Änderungen durchzuführen oder zuzulassen.

Bei den meisten Gläubigen gibt es längst einen Patchwork-Katholizismus, zu dem ich ja auch gehöre. Man kann das als „Postmoderne" verteufeln, aber es ist nun einmal ein Faktum und spricht für ein entscheidungsfrohes, selbständiges Individuum. Das fürchtet die katholische Kirche, weil sie dann nur einer von vielen

Anbietern ist auf dem großen Markt des Religiösen und sich auch bewähren muss. Man ist dann nicht mehr die Institution, bei der Religion für die nächsten hundert Jahre abonniert wird.

Nachhutgefechte

Ereignisse nach dem Outing

Im April 2010 war das Outing gelaufen.

Im Juli kam der Rauswurf aus der Päpstlichen Thomasakademie in Rom.

Mein Buch „Der heilige Schein" erschien im November desselben Jahres.

Im Mai 2011 wurde mir die kirchliche Lehrerlaubnis entzogen.

Daraufhin kam es zu einem Schülerprotest, zu einer öffentlichen Demonstration.

Nun hatte ich die kirchliche Lehrerlaubnis verloren. Ich bin dann aus dem Schuldienst in Köln ausgeschieden und Klaus und ich sind nach Berlin umgezogen, weil Klaus das Angebot hatte, eine Filiale seines Architekturbüros in Berlin aufzumachen. Wir hatten zwanzig Jahre in Köln gelebt. Köln war für mich mit einer sehr katholischen Zeit verbunden. Dort hatte ich ganz viele Bekannte, viele Geistliche. Wir haben in einer Pfarrei gewohnt, die von einem Opus-Dei-Priester geleitet wurde. Dort hatte auch die Petrusbruderschaft ihre Kirche. Es war alles sehr katholisch. Es war eine schöne Zeit. Wir sind nicht im Ärger gegangen. Es war einfach genug. In Berlin haben sich uns dann ganz neue Lebensräume eröffnet. Ich kannte schon viele Leute dort. Wir lebten uns schnell ein in der Stadt.

Bruno Gmünder, Chef des größten europäischen Verlages für schwule Medien, hat eine große Zahl der Erstauflage meines Buches in seinen Läden verkauft. Er hatte sich mit mir getroffen. Inzwischen sind wir befreundet.

Er war bereit, mit mir etwas gegen kreuz.net zu unternehmen.

Ich hatte mit meinen Aktivitäten im Vorfeld keinen Erfolg gehabt, weil kein juristisches Interesse an einer Eliminierung der Website kreuz.net bestand. Deswegen war ich schon ein Jahr zuvor beim Verfassungsschutz in Köln gewesen. Die Antwort: „Da können wir gar nichts machen. Sie müssen lernen, mit kreuz.net zu leben." Ich, wir wollten jedoch nicht lernen mit kreuz.net zu leben. Wir gingen dann einen unkonventionellen Weg. Wir setzten, wie „Aktenzeichen XY", ein Preisgeld aus für die, die uns die Macher der Kreuz.net-Seite liefern würden, arbeiteten ganz eng mit der Staatsanwaltschaft zusammen, damit es nicht wie Selbstjustiz aussah. Ich hatte die Koordination der Aktion übernommen, weil ich das Spektrum gut kannte und mich schon seit 2006 mit kreuz.net auseinandergesetzt hatte.

Die Sache hat ihren Lauf genommen. Das konnte man damals in den Medien mitverfolgen. Wir haben sehr schnell Erfolge gehabt. Die Deutsche Bischofskonferenz haben wir eingeladen, uns zu unterstützen. Sie hat sich geweigert. Die Schweizer Bischofskonferenz hat sich auf unsere Seite geschlagen, als sie bemerkt hat, dass wir nahe daran waren, kreuz.net lahm zu legen. Wir konnten die ersten Namen der Macher an die Staatsanwaltschaft übergeben. SpiegelTV hatte ähnliche Namen herausbekommen. Wenige Tage später wurde kreuz.net abgeschaltet. Für uns war das ein toller Erfolg: kreuz.net war offline! Kardinal Lehmann aus Mainz hat sich bei uns dafür entschuldigt, dass er uns nicht unterstützt hat und hat sich beim Bruno Gmünder Verlag bedankt! kath.net hat getobt, dass sich ein Kardinal bei einem schwulen Verlag bedankt.

Diese Aktion war ein klares Signal an die extremen Traditionalisten: Ihr könnt auch im Internet nicht alles machen, was ihr wollt! Ihr müsst mit Widerstand rechnen und ihr habt die breite Bevölkerung, die sich an der Aktion mit Spenden beteiligt hat, gegen euch! Eure Zeit ist längst vorüber.

Noch während die Aktion lief, hatte mich der neue Verlagschef angesprochen und gefragt, ob ich mir vorstellen könnte, Chefredakteur des Magazins „Männer" zu werden. Nach einiger Überlegung habe ich zugesagt. Ich fand es gut, mich mal nicht mit Theologie zu beschäftigen und eine Zeit lang nicht mehr von Journalisten nach schwulen Priestern gefragt zu werden, sondern andere Themen aus der schwulen Welt, von der Kultur bis zur Politik, aufzugreifen.

Wie entrinne ich dem,
was ich kritisiere?

Aspekte
der schwulen Welt

Von Anfang an war mir klar: Du darfst jetzt nicht von der einen Kirche in die andere wechseln! Du darfst nicht so weiter machen wie bisher und wieder eine Rolle spielen.

Die schwule Welt ist kein einheitlicher Block. Auch in der schwulen Welt gibt es Rollen, Erwartungen und Gruppierungen. Wie es in der katholischen Kirche Ordenshäuser gibt, die sich untereinander spinnefeind sind, wie früher die Jesuiten und die Franziskaner, so gibt es in der schwulen Welt auch einzelne Gruppierungen, die untereinander maßlos zerstritten sind. Es gibt „Zickenkriege" der übelsten Art und es fehlt hinten und vorne an Solidarität. Es gibt vorgefertigte Bilder wie ein schwuler Mann zu sein hat, worunter die dann leiden, die nicht so sind, wie die Vorgaben es fordern und beschreiben. Ich habe mich schon früh, auch als ich noch in der Kirche tätig war, aus den Parteiungen und Gruppierungen in der schwulen Community herausgehalten.

In der schwulen Welt kommen Menschen zusammen, die sich ganz bewusst entschieden haben, so zu leben. Wirklich frei entscheiden, so zu sein, können sie sich nicht. Sie können nicht sagen: Ich will heterosexuell werden oder asexuell oder sonst etwas sein. Sie sind homosexuell.

In der schwulen Welt kommen die unterschiedlichsten Menschen zusammen. Menschen, die auch politisch sehr verschieden sind. Es gibt Männer, die politisch ganz rechts stehen, die konservativ bei der CDU engagiert sind. Es gibt extreme Linke. Es gibt politisch völlig Uninteressierte. Es ist eine Community, die sich zunächst einzig über die sexuelle Veranlagung und das sexuelle Interesse definiert. Nur ein geringer Prozentsatz der homosexuellen Männer ist nach Außen orientiert. Es gibt auch die, die mit anderen Schwulen gar nichts zu tun haben, die nur mit ihrem Partner in Ruhe zusammenleben und ihre Form des schwulen Lebens finden wollen. Es gibt auch keinen, der als schwuler Papst dasteht und sagt: „So und nicht anders funktioniert schwules Leben!". Oder: „Das darf oder muss sein, jenes darf nicht sein!" Auch wenn es natürlich auch viele kleine Möchtegern-Päpste besonders im Bereich der linken Schwulen gibt, die ihr Lebenskonzept gerne allen Schwulen aufdrücken wollen, bis hin zu der Tatsache, dass Sexualität nach ihren Regeln vonstattengehen muss.

Die schwule Welt ist eine Art Schicksalsgemeinschaft. Je weniger Druck von außen kommt, desto mehr Druck macht man sich untereinander und umso unwichtiger wird diese Welt. Je mehr Rechte homosexuelle Menschen bei uns haben, desto schwächer wird auch das politische Engagement für die Rechte der Homosexuellen. Man trifft sich höchstens zum Feiern, um einen Sexualpartner kennenzulernen oder um gemeinsam bestimmte Hobbys auszuüben, die man auch mit Heterosexuellen pflegen könnte. Es gibt die Tendenz, die schwule Subkultur ganz aufzulösen und sich weitgehend in die Gesellschaft zu integrieren. In vielen Ländern ist das schon der Fall. Zum Beispiel in Israel. In Tel Aviv, das eine große Schwulencommunity hat, gibt es kaum noch rein schwule Lokale, die Partyleute sind dort bunt durcheinander gemischt. Das ist eine Form von Integration, die viele als Ideal anstreben.

Natürlich gibt es in der schwulen Welt auch Neid, Konkurrenzdenken und Überheblichkeit: „Wir sind die wahren Schwulen, wir wissen am besten wie Schwulsein funktioniert und ihr macht das falsch!" Das sind, wie gesagt, ähnliche Strukturen, wie wir sie aus der katholischen Kirche kennen.

Weniges ist noch normal

Grundgelegte Bipolarität der Geschlechter?

Den Vorurteilen über die Homosexualität begegne ich auf Schritt und Tritt. Man bekommt gesagt: Homosexualität ist nicht normal. Was immer „normal" heißen mag. „Normal" wird manchmal auch durch „natürlich" ersetzt. Damit hat Norbert Blüm 2013 argumentiert: Die Homo-Ehe dürfe es nicht geben, weil das Zusammenleben von zwei Männern eben unnatürlich ist. Da kommt das alte Naturrechtsdenken über die politische Hintertür wieder ins Haus. Argumente dieser Art finden sich immer wieder. Dagegen sage ich: Wir leben in einer Welt, in der Weniges noch natürlich oder normal ist. Wenn ich Kopfläuse habe und ein Shampoo dagegen verwende, dann greife ich auch in die Natur ein. Die Veredelung von Fleisch greift in die Natur ein. Das haben unsere Vorfahren nicht gemacht, sie haben das Fleisch roh gegessen. Mein Hund macht es noch immer so.

Alle diese Diskussionen kommen da an ihr Ende, wenn man sich klar macht, wie viel unnatürlich, wie viel unnormal in unserer Welt ist. Wenn man sagt, Homosexualität ist unnormal, würde ich dem sogar zustimmen. Aber ich frage dagegen: Wer entspricht schon der Norm? Welches Hetero-Ehepaar entspricht schon dem normalen Durchschnitt? Darauf zu antworten wird immer schwieriger, je mehr sich unsere Gesellschaft ausdifferenziert. Das überkommene Konzept Mann und Frau, ein paar Kinder und ein Leben lang zusammen zu sein, ist nicht mehr die Norm. Diejenigen, die sich um fehlenden Nachwuchs sorgen, kommen mit „normal" ganz schnell in Teufels Küche.

Das Schlechteste, was man in diesem Zusammenhang machen kann, ist, eine Konkurrenzsituation aufzubauen, einen Konkurrenzkampf zu beginnen. Dass Familien sich benachteiligt fühlen durch Schwule, weil sie keine Kinder haben und umgekehrt Schwule durch Familien. Alles das gibt es, das weiß ich. Aber es tut unserem gesellschaftlichen Frieden nicht gut. Es geht darum, dass jede und jeder den Weg findet, der für sie und für ihn am besten ist. Das wird der Gesellschaft am meisten dienen. Wir sind ja keine Reproduktionsanstalt gleich einer Hühnerfarm, wo man streng darauf achten muss, dass möglichst viele Menschen erzeugt werden. Das pendelt sich von allein ein, durch Zuwanderung zum Beispiel, oder durch andere Entwicklungen. Davon bin ich fest überzeugt.

Bei der Adoption und dem Rekurs auf die unterschiedlichen Rollen von Vater und Mutter, die in einer homosexuellen Partnerschaft faktisch nicht gegeben sind, hat man das Problem, dass man den Mann nur auf die väterlichen Aspekte reduziert und die Frau allein auf die Mutterrolle. Von der Zuneigung her hatte mein Vater sogar eher mütterliche und meine Mutter eher väterliche Züge. Das mischt sich. Auch diese Diskussion geht von einem nicht gegebenen Idealbild aus. Es mag sich negativ auf die Entwicklung von Kindern auswirken, wenn die Vater- oder Mutterrolle ausfällt. Negativ wirkt sich aber auch aus, wenn die emotional ganz wichtige Großmutterrolle fehlt. Das Ganze ist *ein* Problemkomplex. Und sowohl die ultraorthodoxen Christen wie auch die feministischen Gender-Theorien verfallen aufgrund ihres ideologischen Blickwinkels in falsche Extreme, die das dem Menschen Angemessene, verfehlen. Das kann man nicht realisieren, indem man dekretiert: Zwei Männer dürfen nicht, eine alleinerziehende Mutter oder ein alleinerziehender Vater darf nicht. Man muss sich entschieden darum kümmern, dass in irgendeiner Form die Vater- und die Mutterrolle vorhanden sind. Erzwingbar ist das nicht.

Man lebt immer virtueller

Körperlichkeit im Schwinden

Die Frage der Körperlichkeit spielt in die heutige Debatte über die Geschlechtlichkeit immer mehr hinein. Ich beobachte das Vordringen der virtuellen Welten. Vor allem bei jüngeren Menschen, ja schon bei Kindern. Aber auch bei Menschen meines Alters. Man lebt immer virtueller. Man geht virtuell einkaufen, wickelt seine Bankgeschäfte virtuell ab. Das ist auch angenehm und bequem. Die Sinneseindrücke, die Wahrnehmung der greifbaren und berührbaren Wirklichkeit entschwinden dadurch aber zusehends. Wenn ich mir frische Erdbeeren kaufe, dann will ich wissen, ob sie noch nach Erdbeeren riechen oder ob sie nur schön aussehen.

Diese Entwicklung hat im weitesten Sinne Auswirkungen auf unsere Körperlichkeit, auf unsere eigene Körperlichkeit, auf die Körperlichkeit der Dinge und auf alles, was die Dinge ausmacht. Da entwickelt sich, das habe ich in meiner thomistischen Zeit schon gesagt, ein neuer Platonismus, eine Entmaterialisierung unserer Welt. Daher rührt auch meine Freude an der thomistischen Erkenntnislehre, die stark auf die Sinne geht und uns sagt: Nutzt eure Sinneseindrücke, das Reale! Begegnet der harten Wirklichkeit! Wir werden den angedeuteten Prozess nicht aufhalten können. Die Schwierigkeiten mit Körperlichkeit umzugehen, werden aber größer, keine Frage. Und ich verliere nicht die Hoffnung, dass sich zu dieser Virtualisierung eine ausgleichende Gegenbewegung auftut.

Ein anderer Faktor kommt hinzu. Ich bin nicht spießig und verklemmt: Aber durch den frühen Konsum von Pornografie wird die

Wahrnehmung der Körperlichkeit auch eingeschränkt. Ich kann mich noch gut erinnern, dass meine Sechstklässler, als es im Unterricht um Partnerschaft und Beziehung ging, mir erzählt haben, welchen Porno sie im Internet gesehen haben. Sie haben die Handlung nacherzählt und solche Einzelheiten erwähnt, dass ich mir gesagt habe: Das kann doch nicht sein! Das hätte mir mit 18 Jahren noch die Schamesröte ins Gesicht getrieben. Inzwischen zwar nicht mehr. Aber: Was wird später aus Kindern, die so etwas sehen? Ich habe sie gefragt, wie sie da dran kommen? Ihre Antwort: „Das können Sie doch im Internet sehen!"

Viele Leute sagen auch: „Na ja, mit meinen schwulen Nachbarn, die brav zusammenleben, die ihr Haus mit Vorgarten haben und eigentlich genau so leben wie wir, habe ich keine Probleme. Aber mit Schwulen, die mit freiem Oberkörper auf dem Christopher-Street-Day-Wagen tanzen, habe ich meine Probleme." Das ist noch nicht einmal Homophobie. Die Probleme hätten sie auch mit ihrer Nachbarin, die mit freiem Oberkörper auf dem Wagen steht. Für sie ist diese überzogene Körperlichkeit ein Problem. Es ist nichts Neues, das Sexualität ein tabu- und problembehaftetes Thema ist. Ich beobachte nur, dass es, ungefähr seit der Jahrtausendwende einen Roll-Back gibt. In den siebziger und achtziger Jahren des vergangenen Jahrhunderts war man toleranter und großzügiger im Umgang mit Körperlichkeit und Sexualität.

Gesellschaftspolitisch gesehen befinden wir uns derzeit an einem Scheidepunkt. Die Illusion, dass die Entwicklung immer mehr in Richtung Gleichberechtigung geht, ist naiv. Das haben wir zuletzt in Russland gesehen. Russland war 2003, 2004 in der Entwicklung auf Gleichberechtigung hin schon weit vorangekommen. Dann ist es gesellschaftlich in eine völlig andere Entwicklung gegangen.

Katholisch und schwul

Wie passt das zusammen?

Noch einmal zurück zu einer der Grundfragen: Ich fühle mich der katholischen Kirche emotional und in vielen Dingen auch rational noch sehr verbunden. Aber ich sage nicht mehr zu allem pauschal Ja und Amen. Was ich an der katholischen Kirche schätze, ist ihre lange Tradition. Sie hat Europa geprägt, einen entscheidenden Einfluss auf die Entwicklung der Menschenrechte genommen, hat in Kunst und Kultur sehr Großes geleistet. Da wäre es kindisch zu sagen, es sei alles doof, was sie macht. Ich bin der Meinung, dass die Kirche größer ist als das Bild, das sie momentan bietet.

Aber die Situation ist völlig anachronistisch. Es war in ihrer Geschichte noch nie da, dass sich die Kirche so sehr von der Gesellschaft abkoppelt, in der sie lebt. Ich denke jedoch, dass man von diesem Enttäuschenden des Augenblicks seinen persönlichen Glauben nicht kaputt machen lassen darf. Als Religionslehrer habe ich immer wieder meinen Schülern zu vermitteln versucht, dass sie sich deswegen ihren persönlichen Glauben nicht zerstören lassen sollen. Ich weiß jedoch, dass die real existierende Kirche nicht ganz einfach zu trennen ist von der Kirche unserer Herzen.

Das gilt auch für das Thema Homosexualität und Kirche. Es gab Bestrebungen, etwa von Christoph Kardinal Schönborn in Wien, darüber nachzudenken, ob man homosexuelle Partnerschaften, wenn sie auf einen langen Zeitraum ausgelegt sind und ähnlich wie heterosexuelle Ehen funktionieren, tatsächlich als Sünde bezeichnen könne – also, ob man seinen Segen dazugibt. Doch sein Chef wollte es gänzlich anders: Joseph Ratzinger hatte, bevor er Papst wurde, als Präfekt der Kongregation für die Glaubenslehre einen Weg zurück eingeschlagen, in dem er dazu übergangen war, allein die bloße homosexuelle Veranlagung als widergöttlich und satanisch zu bezeichnen. Eine deutliche Tendenz dazu ist in einer seiner ersten päpstlichen Erklärungen von 2005 gegeben, die besagt, dass homosexuell Veranlagte auf keinen Fall Priester werden dürfen, auch wenn sie den Zölibat halten. Begründung: Homosexuelle seien unfähig, ein gesundes Verhältnis zu anderen Menschen aufzubauen.

Ich kann allerdings nicht behaupten, dass mit keine Achtung oder Respekt entgegengebracht worden wäre. Viele Geistliche, auch höher stehende, wussten, dass ich homosexuell bin und mit meinem Partner zusammenlebe. Probleme gab es erst, als ich offen damit umgegangen bin. Dann war von Takt nicht mehr viel zu merken. Selbst eng befreundete Geistliche, die wir seit vielen Jahren kennen und die uns begleitet haben, zogen sich zurück und haben den Kontakt abgebrochen, nur weil ich es offen gesagt habe.

Dieses Verhalten, dass die Kirche gut mit Homosexualität umgehen kann, solange sie heimlich bleibt, finde ich skandalös. Daraus entsteht ein enormes Glaubwürdigkeitsproblem. Die Gläubigen merken doch, wenn ihnen was vorgemacht wird. Letztlich verschenkt die Kirche die Chance, für homosexuelle Menschen in der Seelsorge eine echte Hilfestellung zu geben, wenn sie apodiktisch sagt: Nein, Homosexualität geht nur, solange sie geheim und unter der Decke bleibt.

Die katholische Kirche tut sich ungemein schwer mit dem Thema Homosexualität. Das liegt daran, weil ihr sehr viele Priester angehören, die mit ihrer Homosexualität nicht zurechtkommen, die sich nicht mit ihr auseinandergesetzt haben. Die Priester mit der größten Aversion gegen homosexuelle Menschen, die mir begegnet sind, waren meist selber homosexuell. Sie leben ihre Sexualität nicht unbedingt aus, spüren aber ihre Veranlagung. Sie finden in der katholischen Kirche jedoch kaum eine Möglichkeit, darüber zu reden. Das führt natürlich dazu, dass homosexuelle Priester auf diejenigen schauen, die ihre Homosexualität offen ausleben. Sie projizieren ihre Probleme auf die anderen, und das führt meist zu einer extremen Homophobie, zu einer Dämonisierung und Tabuisierung des Themas Homosexualität.

Und nicht zuletzt wird ein offener Umgang mit Homosexualität bestraft. Denn sobald es offen wird, muss man mit den härtesten disziplinarischen Maßnahmen rechnen. Das führt zu einer subtilen Form von Erpressung, von Vorgesetzten wie auch untereinander. Denn es ist ja meist intern bekannt, wer homosexuell ist.

Es ist seltsam paradox: Gerade die katholische Kirche ist natürlich sehr anziehend für schwule Männer. Sie ist eine reine Männergesellschaft. Man muss sich nicht rechtfertigen, weil dort 50 bis 60 Prozent der anderen auch homosexuell veranlagt sind. Hinzu kommt, dass junge Männer, die sich heute noch für den Priesterberuf entscheiden, in der Regel aus konservativen gläubigen Familien kommen. Wenn sie offen zu ihrer Veranlagung stehen würden, würde das zu einem Zerwürfnis mit ihrer Familie führen. So machen sie aus der Not eine Tugend.

Aber gerade auch die traditionelle Liturgie, die tridentinische Messe, die ganze Inszenierung, die das Ästhetische stark betont, das zieht homosexuelle Männer an, noch mehr, wenn sie im barocken Umfeld zelebriert wird. Die Ästhetik ist eine Möglichkeit, homosexuelles Begehren zu sublimieren und in den religiösen Bereich zu heben – also aus dem Verwerflichen etwas Positives zu machen.

Und hat sich etwas verändert seit Franziskus? „Hart in der Sache, aber milde im Ton" war die Devise, die Claudio Aquaviva, einer der berühmtesten Jesuiten in der Gegenreformation, ausgab. Mit diesem Motto ist man auch zugleich mitten in dem Dilemma, vor das uns der erste Jesuit auf dem Stuhl Petri auch im Hinblick auf die Homosexualität stellt.

Eigentlich hatte man sich unter Benedikt schon an paranoide Homophobie sowie Diskriminierung von Frauen gewöhnt. Zu selbstverständlich geworden war die stolze Zurückweisung von allem, was nichts ins benediktinische Konzept einer Kirche als Weihrauch schwangere, heilige und konservative Restherde passte. Und nun erleben wir atmosphärisch einen regelrechten Quantensprung.

Aber der Katholizismus ist nicht nur ein Gefühl, die Catholica konstruiert sich fundamental aus einer Doktrin. Bei der Doktrin jedoch zeigt Franziskus keinerlei Mut zur Veränderung. Wo es konkret wird, weicht er aus, stellt Gegenfragen, bleibt im Vieldeutigen von Bildern. Dennoch kann man die Position des Jesuitenpapstes gut zwischen den Zeilen erkennen. Die Kirche wird in dieser durch und durch antimodernen Vision zum „Feldlazarett". Die Rolle der Krankenschwestern nehmen die Kleriker ein, die im Beichtstuhl auf die reuigen Sünder warten, um sie zu heilen. Genau hier sieht Franziskus letztlich auch den Ort für jene Homosexuellen, die sich durch Ausleben ihrer Sexualität versündigt haben. Wenn sie wirklich bereuen und Besserung erzielen, wird ihnen dort die Barmherzigkeit der Kirche zuteil. Als verwundetes, reuevolles Opfer mit schlechtem Gewissen, das auf Mitleid und Barmherzigkeit wartet, kann man den Homosexuellen akzeptieren. Aber ein Feldlazarett braucht nicht nur nette Krankenschwestern, sondern auch schon mal einen Arzt, der beherzt zum Skalpell greift. Das wird dann nötig, wenn Homosexuelle selbstbewusst auftreten und politische Gleichberechtigung fordern.

Vertiefte Zugangswege finden

Spiritualität innerhalb der schwulen Community

Ostern ist in Berlin eine Zeit, in der schwule Männer aus der ganzen Welt in die Stadt kommen. Bisher sind sie gekommen, um zu saufen, Drogen zu nehmen und Sex miteinander zu haben. Das ist so und es ist kein Geheimnis. Interessant ist, dass es 2014 in einem Kreuzberger Haus ein Angebot gab, miteinander zu meditieren, spirituelle Wege zu finden, über den Umgang mit dem eigenen Körper, mit dem Körper der anderen nachzudenken und vertiefte Zugangswege zu einer Spiritualität zu finden. Da sind auch verrückte Sachen dabei für jemanden, der wie ich vom Land kommt. Da tritt zum Beispiel ein Schamane auf, der ergründet, ob man schwule Vorfahren hatte, was diese für eine Geschichte hatten und wie sie in einem weiterleben. Das zeigt, dass die bisherigen körperlichen Grenzerlebnisse nicht genügen, sondern ein spirituelles Bedürfnis da ist, das stärker spirituell ist als das Spirituelle der reinen sexuellen Grenzerfahrungen. Auch weil sie teilweise unter Drogeneinfluss zu Stande gekommen sind und nach der Ernüchterung ein sehr schlechtes Gefühl gemacht haben. Da tut sich etwas auf, was es in den siebziger Jahren des vergangenen Jahrhunderts schon einmal gab: Der Versuch eine männliche und eine eigene schwule Spiritualität zu entwickeln. Das Schwule spielt dabei eine Rolle.

Aber zunächst einmal bin ich als Mann da und ich habe einen männlichen Körper. Wie gehe ich mit diesem Körper um, wie lerne ich, ihn wieder zu fühlen, wie kann ich das wieder genussvoll lernen? Es sind ganz einfache Dinge, wozu man eigentlich keinen

Extra-Kurs braucht – meinen manche. Wahrscheinlich aber muss man es wieder neu lernen, weil man es verlernt hat. Die Kurse waren übrigens überbucht. Die Veranstalter wussten nicht wohin mit den Leuten. Das ist bemerkenswert. In meiner Jugend hat es das in der schwulen Welt überhaupt nicht gegeben.

Im Hintergrund der schwulen Spiritualität steht sowohl ein Hinterfragen wie auch ein neues Kennenlernen der Männerrolle. Ich weiß nicht, ob das bei der allgemein männlichen Spiritualität eine ähnlich große Rolle spielt. Wichtig ist, in der Wahrnehmung auch, sowohl männliche wie weibliche Anteile in sich zu entdecken. Das fällt schwulen Männer nicht unbedingt leicht, sondern häufig schwerer als heterosexuellen Männern, weil sie oft mit dem Klischee leben müssen, dass sie eigentlich sehr verweiblicht sind. Sie müssen sich manchmal eingestehen, dass sie Sensibilitäten haben, die eher weiblich sind, aber auch dass sie Rollenmuster verinnerlicht haben, die weiblich sind. Denn wer zu „männlich" ist, macht sich auch in der schwulen Welt leicht verdächtig. All das ist also bei schwulen Männern ein bisschen anders als bei heterosexuellen Männern. Sexualität ist in der schwulen Welt jederzeit verfügbar, was bei manchen dazu führt, dass sie geradezu sexsüchtig werden, vier oder fünf Mal am Tag wechselnde Geschlechtspartner haben und irgendwann an dieser Situation zerbrechen.

Mag sein, dass dieses Anderssein auch gut ist. Ich will das nicht nur schlecht reden. Ganz viele aber zerbrechen an dieser Situation, weil sie merken, dass es eine Form der Selbstbestrafung ist. Ein heterosexueller Mann hat einfach nicht die Möglichkeit, permanent an Sex zu kommen. Wenn man die permanente Verfügbarkeit der Sexualität verinnerlicht, führt das sehr schnell zu einer Abstumpfung, zu einer Entwertung der Sexualität. Das muss bei solchen Zugängen berücksichtigt werden. Auf der anderen Seite sind die Hemmungen bei Homosexuellen, über ihre Gefühle zu reden, Triebe und Berührungen zuzulassen, nicht so hoch wie bei Heterosexuellen.

UND FÜHREN, WOHIN DU NICHT WILLST

Wahrlich, wahrlich ich sage dir: Als du jünger warst, gürtetest du dich selbst und wandeltest, wohin du wolltest; wenn du aber alt wirst, wirst du deine Hände ausstrecken, und ein anderer wird dich gürten und führen, wohin du nicht willst.

Neues Testament,
Johannesevangelium. Kapitel 21, Vers 18

Wenn ich in die Jahre komme

Sexualität im Alter

Auch Homosexuelle werden älter. Der Testosteronspiegel sinkt und die Erektionsfähigkeit lässt nach. Das können Männer schon in sehr frühen Jahren erleben, sie müssen nicht erst fünfzig und älter werden. Das kann sich durch ein Schockerlebnis ganz plötzlich verändern. Sexualität ist nur zu fünf Prozent etwas Körperliches und zu fünfundneunzig Prozent etwas Geistiges.

Mit dem körperlichen Älterwerden habe ich kein großes Problem. Ich habe auch keine Angst davor, weil die Psyche und der Geist so jung bleiben können, dass ich sie noch auf einer Ebene mit dem Körperlichen halten kann. Letzteres kann man auch medizinisch ganz gut unterstützen. Das ist nicht das Ausschlaggebende. Das Ausschlaggebende ist die psychische Komponente. Das sieht man daran, dass unabhängig vom Alter, extremer Stress, Schockerlebnisse und andere traumatische Erfahrungen dazu führen können, dass man als Fünfundzwanzig- und Dreißigjähriger über Monate hinweg unfähig zur Sexualität ist. Es ist ganz natürlich, dass der Körper erst mal eine Bremse betätigt und auf Rekreationsbedürftigkeit schaltet.

Sexualität ist nicht nur sofortiger Vollzug, sofortiges und erzwungenes Erreichen des Höhepunktes. Das ist eine alte kirchliche Geschichte, die heute immer noch ihre säkularen Urstände feiert. Was ich am allerschlimmsten an der kirchlichen Sexualauffassung finde, ist die Reduktion auf eine Sexualität, die sich nicht an menschlichen, interpersonalen Maßstäben, sondern an tierischen Maßstäben orientiert. Das kirchliche Sexualverständnis ist unmoralisch, weil es den Menschen auf ein Tier reduziert, das sich vermehren soll. Im Kontext der Sexualität kann wirkliche Begegnung von Personen stattfinden, kann ganz tiefe Bereicherung erfahren werden. Der kurze Akt des Orgasmus ist ja nur ein ganz kleiner Bestandteil des Ganzen. Das wird von der kirchlichen Sexualmoral völlig übersehen. Sie ist fixiert auf Vermehrung, auf Hervorbringen von Nachkommenschaft. Dadurch hat die Kirche auch große, lang während Schuld auf sich geladen. Das Thema „Schneller Vollzug" des sexuellen Aktes, Eindringen, Orgasmus und Schluss, hat langfristige, bis in die heutige Generation bestehende Auswirkungen und Nachwirkungen. Viele Geschichten unserer Elterngeneration sprechen davon. Mir tun die Menschen leid, die einen so wichtigen Lebensbereich nur in reduzierter Form kennengelernt haben. Das ist wie wenn wir unser Leben lang nur bei McDonalds Hamburger gegessen hätten. Das ist schade.

Ich halte oft Vorträge in kirchlichen Einrichtungen, wenn die Pfarrer mutig genug sind, mich einzuladen. Wenn ich jetzt so viel über Homophobie in der Kirche geredet habe, dann möchte ich noch von folgender Erfahrung berichten: Den Gläubigen, denen ich da begegne, ist die kirchlich aufoktroyierte Homophobie völlig fremd. Man könnte einwenden, dass sie das nur sagen aus Nettigkeit, weil ich da bin. Aber ich glaube es nicht. Sonst wären sie gar nicht zu meinem Vortrag gekommen. Da sind oft 100 oder 120 Leute in einem Pfarrheim, die kein Verständnis für die Position ihrer Kirche in dieser Frage haben und die meine Position ohne Schwierigkeit mit ihrem persönlichen Glauben vereinbaren können. Man kann leicht feststellen, dass sich da etwas verändert hat im Vergleich zu meiner Jugendzeit.

Der Machtverlust der Kirche auf diesem Gebiet ist mit Händen zu greifen. Sie hat mit ihren herrschenden Moralvorstellungen keinen Einfluss mehr auf die überwältigende Mehrheit der Menschen. Auch nicht auf die Menschen, die noch in ihr bleiben, zu ihr gehören wollen. Die Menschen sind mündig geworden und wollen ihren eigenen Weg suchen und finden. Sie lassen sich „gerade von denen noch", die selber nicht verheiratet sind und Skandalgeschichten genug haben, nicht sagen, wie sie ihre Beziehungen gestalten sollen.

Angekommen?

Aspekte einer Heimat

Lebenswenden können gelingen und sie können scheitern. Nicht immer ist die Ergebnislage nach grundlegenden Entscheidungen klar. Vieles bleibt unsicher. Alte Prägungen verlieren nie ganz ihre Kraft und ihre Macht. Mit Vielem, was einen in der Vergangenheit belastet hat, muss man sich aussöhnen, weil es nicht zu verändern ist.

Die Frage an David Berger lautet: Ist er nach seiner Entscheidung da angekommen, wo er hin wollte?

Albus:

Wo ist David Berger jetzt beheimatet nach dem er diese Wege, Umwege und Irrwege hinter sich hat? Gibt es Reste von Sehnsucht nach einer Heimat, die einmal war? Jeder Mensch sucht doch danach, in einer, in seiner Heimat anzukommen.

Berger:

Wie bei der Spiritualität bin ich dazu übergegangen, mir eine Patchwork-Heimat zu bauen. Das liegt auch in meiner Kindheit begründet. Bis ich mein Abitur abgelegt hatte, waren meine Eltern schon sieben oder acht Mal umgezogen. Kaum waren wir irgendwo angekommen, sind wir schon wieder weitergezogen. Lokal betrachtet habe ich nirgendwo eine Heimat finden können. Ich bin ohne Tränen von Köln weggezogen. Ich wohne jetzt in Berlin, kann mir aber auch vorstellen, irgendwann in München zu leben. Das dauernde Alterieren hat bei mir dazu geführt, dass, auch durch die schlechten Heimaterfahrungen „Katholische Kirche", Heimat heute für mich gegenwärtig ist, wenn Klaus da ist, wenn der Hund da ist, wenn Freunde da sind. Wenn ich meine Mutter und meine Großmutter besuche, ist das auch ein Stück Heimat. Die soziale Welt, in der ich lebe, ist auch Heimat. Dazu gehören Kollegen und gute Freunde hier in Berlin. All das bildet für mich Heimat. Aber es ist nicht mehr lokal oder ideologisch, auch nicht an eine sexuelle Orientierung gebunden. Es setzt sich aus den verschiedensten Bereichen zusammen.

Albus:

Der frühere Heimatbegriff war oft auch mit Zwängen verbunden. Man musste bestimmte Gebräuche mitmachen, bestimmte Rituale mit vollziehen, wenn man dazugehören wollte.

Berger:

Ich bin längst herausgekommen aus dieser katholischen Heimat. Da gab es die feste soziale Kontrolle mit allen ihren unschönen Begleiterscheinungen. Und es gab das Auskommen-Müssen mit den Leuten auf Teufel komm raus. Dadurch konnte man zwar soziale Kompetenzen lernen, aber es konnte auch zur extremen Belastung werden. Eine solche Heimat brauche und will ich nicht mehr – egal, ob sie sich katholisch oder schwul nennt.

Albus:

Was ist Ihr Wunschtraum von Heimat? Wo liegen für Sie die zentralen Kriterien von Heimat? Ist es die Identität mit sich selber? Oder was ist es? Nicht mehr gespalten sein?

Berger:

Ich setze einmal voraus, dass man selber stabil, heimatfähig ist, dass es einen inneren, bleibenden Fluss in allen Veränderungen gibt. Das ist die Voraussetzung, um überhaupt irgendwo heimisch zu werden und sich lokal, sozial, oder wie auch immer einzuwurzeln.

Als Wunschtraum wäre Heimat für mich: Wenn das, was verteilt, zerstreut ist, die guten Freunde, die einem wichtig sind, das, was man in verschiedenen Städten an Schönem erlebt, dass man das alles zusammen an einen Ort bringen und in einen Kontext bringen könnte. Auf einer Trauminsel, auf der alle Menschen da sind, die einem unglaublich viel bedeuten, bei denen man sich wohl fühlt, die sich auch untereinander gut verstehen, die die Back-Kunst aus dem Rheinland, die Küche aus Franken, die (auch sexuelle) Unkompliziertheit aus Berlin und von mir aus die katholische Liturgie aus dem 19. Jahrhundert mitbringen – eben die Freunde, die man über alle die Jahre kennengelernt hat, dass die möglichst präsent, einem auch lokal nahe sind.

WORIN NOCH NIEMAND WAR

Der Mensch lebt noch überall in der Vorgeschichte, ja alles und jedes steht noch vor Erschaffung der Welt, als einer rechten. Die wirkliche Genesis ist nicht am Anfang, sondern am Ende, und sie beginnt erst anzufangen, wenn Gesellschaft und Dasein radikal werden, das heißt sich an der Wurzel fassen. Die Wurzel der Geschichte aber ist der arbeitende, schaffende, die Gegebenheiten umbildende und überholende Mensch. Hat er sich erfasst und das Seine ohne Entäußerung und Entfremdung in realer Demokratie begründet, so entsteht in der Welt etwas, das allen in die Kindheit scheint und worin noch niemand war: Heimat.

Ernst Bloch

Das Dürsten nach Glück
kann auch eine Lust sein

Letzte Fragen

David Berger weiß – er hat das mehrfach zum Ausdruck gebracht –, dass er selber nicht alles „machen" konnte, dass ihm vieles – unverdient – geschenkt wurde, dass er Glück gehabt hat.

Die Frage ist und bleibt, ob im Ankommen an einem Ziel schon das Glück liegt, das der Mensch sucht? Oder, ob der Durst oder das Suchen nach Glück nicht schon das Glück selber sind?

Albus:

Wie war der Weg, den Sie gegangen sind? Wo verläuft der Weg heute? Wo könnte er enden?

Berger:

Es war ein ungeheuer spannender Weg, weil vieles sehr überraschend kam, nicht geplant war, anders kam als gedacht. Was noch wichtig war: Dass ich ganz viel geschenkt bekommen habe, mir das Wenigste erarbeiten musste, dass sich ganz viel glücklich ergeben hat. Ich habe nie in schwierigen ökonomischen Situationen leben müssen, aber trotzdem hatte ich nie das Bedürfnis, viel Geld auszugeben oder ein Luxusleben zu führen. Mir war nur wichtig, dass ich akzeptabel leben konnte. Ich musste nie hart um etwas kämpfen. Das Gefühl, reich beschenkt worden zu sein, hat sich über die gesamte Zeit meines bisherigen Lebens durchgehalten. Angefangen von den religiösen Erfahrungen meiner Kindheit, die für mich keine Selbstverständlichkeiten waren, bis hin zu den sexuellen Erlebnissen, die für mich auch Geschenk waren, die ich auf keinen Fall missen möchte.

Dazu gehört auch mein Freund Klaus. Ich hätte mir nie träumen lassen, dass ich jetzt schon über ein Vierteljahrhundert mit ihm zusammen sein darf, dass die Liebe zu ihm nicht nachgelassen hat, dass sie immer mehr gewachsen ist. Am Anfang war es gar keine Liebe, sondern nur eine sexuelle Zuneigung, die Freude, mit dem anderen zusammen zu sein. Eine Beziehung kann man nicht machen. Das ist etwas, was einem, von wem auch immer, geschenkt wird, vom Glück oder vom Schöpfer mit in die Wiege gelegt worden ist. Dann beruflich: Dass es immer so gelaufen ist, dass ich einen guten Weg gefunden habe. Die akademische Karriere habe ich nicht geplant, sie ist auf mich zugekommen. Noch einmal: Ich bekam das Allermeiste geschenkt. Vielleicht hängt es damit zusammen, warum mich die thomistische Gnadenlehre immer so fasziniert hat, in der das Unverdiente im Vordergrund steht.

Ich kann nur dankbar sein. Mein Weg zeugt von der typischen *conditio humana*: Von pubertären Eigenheiten, von Eitelkeiten, von vielleicht Zuviel-Geschenkt-Bekommen-Haben, was die Eitelkeit noch genährt haben könnte, von Selbstverliebtheiten, von Egoismen natürlich, die es in einer Beziehung auch gibt, wenn man zu wenig auf seinen Partner Rücksicht nimmt. Bis hin zu dem Faktum, bei einer Sache mitgemacht zu haben, die sich menschenverachtend gegen mich selber gerichtet hat, und dazu zu lange geschwiegen zu haben. Die immer wiederkehrenden Fehler ziehen sich durch mein Leben hindurch. Das Scheitern auch. Moralisch gesehen, war das zunächst einmal ein Scheitern. Es war für mich auch ein Scheitern, als unsere Beziehung kurz vor dem Auseinanderbrechen stand, als ich gemerkt habe, dass das zu großen Teilen auf mein Konto ging. Es war für mich sehr schwierig, mir das einzugestehen, wie das immer ist bei Leuten, denen alles nachgeworfen wird. Es wäre fast schief gegangen, weil ich den Anderen zu lange in seinen Bedürfnissen nicht wahrgenommen, ihn übersehen habe, weil ich zu sehr mit mir selbst beschäftigt war. Im Nachhinein hat es sich wieder zum Guten gewendet. Wir haben unsere Beziehung auf eine ganz neue Basis stellen und einen Neuanfang wagen können. Das hat unserer Beziehung geholfen. Sie ist tiefer geworden. Wir sprechen heute über Dinge, über die wir vorher nicht gesprochen haben, auch über Bedürfnisse auf beiden Seiten. Das sind die roten Fäden, die ich sehe bei der Frage nach meinem bisherigen Lebensweg.

Albus:

Sie sprechen dauernd davon, dass Sie etwas geschenkt bekommen haben. Wer war denn der Schenker? Mir kommt auch das Wort „Schicksal" in den Sinn.

Berger:

Die Vorstellung, dass es einen Schöpfergott gibt, ist bei mir ganz präsent. Ich bezeichne das halt gerne als Quelle allen Seins, als das ewige Sein, aus dem alles Seiende fließt. Auch, um mit Menschen in einen Dialog zu kommen, die sofort abblocken, wenn sie das Wort „Gott" hören. Aus guten Gründen zum Teil. Der Name Gottes ist so häufig missbraucht worden. Für mich ist das Wort „Gott" nicht negativ belastet, obwohl das gut hätte sein können nach dem, was ich von Gottespredigern gehört habe. Umso befreiender ist es jetzt, die Seins-Intuition zu erleben: wenn ich durch die Straßen gehe und schöne Gesichter junger Männer sehe, wenn ich zum Bergsteigen oder am Meer unterwegs bin und staunend dastehe – dann durchdringt einen dieses Gefühl für das Sein und erfüllt einen mit einer unglaublichen Freude.

Von mir aus hätte ich das, was ich geschenkt bekommen habe, nicht geschafft. An irgendein doofes Schicksal zu glauben, das ist mir zu neutral. Das ist dann wirklich der, der mich so erschaffen hat, wie ich bin. Der seine Energie, seinen Strom, seinen Seinsfluss immer weiter durch mich hindurchfließen lässt. Der die Ermöglichung dessen ist, was war und ist, was geschehen ist und was geschehen wird.

Albus:

Kommt da noch etwas, wenn Sie einmal die Augen für immer geschlossen haben?

Berger:

Ja, es wird sicher noch etwas kommen. Als ich als Lehrer in der Schule gearbeitet, habe ich mir gedacht: So, jetzt wird nichts mehr kommen, jetzt wirst Du für immer an der Schule sein. Und doch ist immer noch etwas Neues gekommen. Ich habe nie Pläne gemacht, sondern habe die Dinge auf mich zukommen lassen, habe immer sehr intensiv in der Aufgabe gelebt, die ich gerade zu lösen hatte. Ich musste nie noch etwas werden. Diese Haltung war für mich nicht erstrebenswert.

Was bleiben wird, ist die unersättliche Suche nach Glück. Damit bin ich wieder bei Aristoteles, der sagt: Das ist das Endziel aller Menschen. Das wird hoffentlich bleiben. Was ich auf keinen Fall möchte, ist ein resigniertes Zurücklehnen, dass das alles gewesen ist, was bislang war und dass ich alles erreicht habe, was ich erreichen wollte. Ich möchte, dass der Durst und der Hunger nach dem absoluten Glück bleiben.

Albus:

Das war eine massive Grundbeschreibung von Menschsein: Wir wollen glücklich werden. Sonst nichts. Aber: Wer nach Glück strebt, bringt doch auch zum Ausdruck, dass er noch nicht glücklich oder glücklich genug ist.

Berger:

Wer absolut glücklich ist, muss nicht mehr danach streben. Es wird immer wieder die Defiziterfahrung, das Bedürfnis, den

Durst geben. Das Dürsten nach Glück kann auch eine Lust sein. Weil ich weiß, dass es das Glück gibt. Sonst hätte ich nicht den Durst danach – und immer wieder neuen Durst.

Albus:

Sie vertrauen also darauf, dass der Durst irgendwann wirklich gelöscht wird?

Berger:

Ja! Das ist auch meine Jenseitshoffnung: Dass ich die Chance habe, in das endgültige Glück einzugehen. Ob ich das dann „Himmel" nenne oder „Bei-Gott-Sein", oder wie auch immer, das ist für mich ganz irrelevant. Natürlich brauchen wir Worte und Bilder, um uns mit anderen zu verständigen. Aber von der Sache her ist es das, was ich anstrebe.

Albus:

Könnte es sein, dass Sie im Tode zu sich selber kommen? Wenn Sie gar keine theologischen, philosophischen oder sonstigen Begrifflichkeiten mehr bemühen müssten?

Berger:

Ja! Ich muss gestehen, dass ich mir darüber detailliert noch gar keine Gedanken gemacht habe. Das ist eine stark emotionale Geschichte. Ich bewege mich darauf zu. Jeder Glücksmoment, den ich erlebe, ist ein Vorgeschmack auf das, was dann in einer solchen Fülle kommt, die noch einmal auf eine Weise überboten wird, dass ich es gar nicht fassen kann.

Ins Offene gehen
Versuch eines Fazits

Michael Albus

Die große Lebenswende von David Berger hat im Jahre 2010 Aufsehen in der Öffentlichkeit erregt. Man spürte und konnte nachempfinden: Da hat sich einer aus Fesseln befreit, hat sich nach langen Kämpfen und Zweifeln aufgerafft, hat ein offenes Feld betreten, hat den Mut gehabt, Altes zu verlassen und Neues zu beginnen, hat die Kraft gehabt, ein wirkliches Risiko einzugehen, sich aus alten, tief sitzenden Ängsten zu befreien.

Es hat sich auch gezeigt wie tief die alten Prägungen waren, die in der Kindheit und Jugend entstanden sind, ja auferlegt wurden. Bei einem religiösen Menschen, der David Berger zweifellos ist, kann man mit Fug und Recht sagen: Es war nicht nur seine eigene Kraft, die da am Werke war. Es war so wie im vierten Psalm des Alten Testaments zu lesen ist: „Als mir's eng wurde, hast Du mir's weit gemacht". Dieser Aspekt darf nicht aus dem Blick geraten.

Gezeigt hat sich vor allem, dass die enge kirchlich-institutionelle Welt ihre Kraft und ihre Macht verloren hat. Auch wenn Restbestände bleiben, die ihre Wirkung immer noch entfalten. Aber die Schwäche der herkömmlichen kirchlichen Prägungen wurde offenbar. Das müsste der Institution zu denken geben. Wird sie es sich zu denken geben lassen?

Der bisherige Lebensweg David Bergers wirft einen dunklen Schatten auf die traditionelle kirchliche Sexualmoral, macht offenbar, welche Irrwege eine Religion in diesem Zusammenhang gegangen ist, auf welche Irrwege sie Menschen im Lauf der Jahrhunderte getrieben, sie bis an den Rand der Selbstzerstörung gebracht hat.

Die Frage nach dem Gottesbild steht damit im Raum. Was hat „man" sich da zurecht gedacht, indem man auf der einen Seite den Menschen als Gottes Ebenbild verstand, auf der anderen Seite aber bestimmte Züge dieses Bildes für sündhaft erklärte, weil sie nicht ins vorgefasste Bild passten? Ein tiefes Misstrauen gegen den eigenen Gott wird sichtbar. Aber auch ein Verlangen nach Macht über den Menschen. Und eine tief sitzende Angst gegenüber der Sexualität, die zu seinen Grundkräften gehört, die einen wichtigen Aspekt seines Lebens ausmacht. Ein Abgrund tut sich auf. Ein Abgrund, der sowohl den einzelnen Menschen zu verschlingen droht, als auch die Institution selber verdächtig und angreifbar macht.

David Bergers Wende strahlt eine befreiende Kraft aus. Sie kann deutlich machen, dass wir nicht in lähmender Angst verharren müssen, Mut fassen sollen, den jeweils eigenen Weg zu gehen.

Der Dichter Friedrich Hölderlin (1770-1843) hat in seinem Gedicht „Brot und Wein" zum Ausdruck gebracht, um was es dabei im Innersten und im Äußersten geht, wenn er schreibt:

„Göttliches Feuer auch treibet,
bei Tag und bei Nacht,
Aufzubrechen. So komm!
Daß wir das Offene schauen,
daß ein Eigenes wir suchen,
soweit es auch ist."

Steh auf und geh'! – möchte man sagen.
Lass' Dich auf etwas ein! Scheue kein Risiko!

Biografische Notiz

David Berger, geboren am 8. März 1968 in Würzburg, ist römisch-katholischer Theologe und Philosoph. Er lebt mit seinem langjährigen Lebenspartner seit August 2012 in Berlin.

Berger studierte von 1991 bis 1998 in Würzburg, Köln und Dortmund Philosophie, Theologie und Germanistik. Im Jahre 1998 erfolgte die Promotion in Philosophie.

Im Januar 2003 Ernennung zum Korrespondierenden Professor der Päpstlichen Akademie des heiligen Thomas von Aquin.

Im Herbst 2003 wurde Berger zum Mitherausgeber der katholischen Monatsschrift „Theologisches" berufen und mit der Schriftleitung beauftragt.

2005 habilitierte sich Berger mit seinem Buch *Thomismus. Große Leitmotive der thomistischen Synthese und ihre Aktualität für die Gegenwart* im Fach Dogmatik an der Katholischen Universität Lublin in Polen.

Im Mai 2009 wurde Berger zum Lektor der Päpstlichen Kongregation für die Glaubenslehre bestellt mit der Aufgabe, zwei theologische Zeitschriften zu überwachen.

Am 23. April 2010 outete sich Berger in einem von ihm verfassten Artikel in der *Frankfurter Rundschau*.

Berger ist inzwischen aus der römisch-katholischen Kirche ausgetreten, betrachtet sich aber weiterhin als Katholik. Zwischen 2011 und 2013 arbeitete er als freier Journalist.

Seit 1. Mai 2013 ist Berger Chefredakteur des im Bruno Gmünder Verlag erscheinenden Lifestylemagazins *Männer*.

Personen und Begriffe

(frei nach Wikipedia)

Personen

Augustinus, Aurelius, (* 13. November 354 in Tagaste in Numidien, heute Souk Ahras in Algerien; † 28. August 430 in Hippo Regius in Numidien) war einer der vier lateinischen Kirchenlehrer der Spätantike und ein wichtiger Philosoph an der Epochenschwelle zwischen Antike und Mittelalter. Wie sein Vater war er Heide, unter dem Einfluss der Predigten des Bischofs Ambrosius von Mailand ließ er sich 387 taufen; von 395 bis zu seinem Tod 430 war er Bischof von Hippo Regius.

Aquin, Thomas von, (* um 1225 auf Schloss Roccasecca bei Aquino in Italien; † 7. März 1274 in Fossanova) war Dominikaner und einer der einflussreichsten Philosophen und Theologen der Geschichte. Er gehört zu den bedeutendsten der katholischen Kirchenlehrer. Seiner Wirkungsgeschichte in der Philosophie des hohen Mittelalters nach zählt er zu den Hauptvertretern der Scholastik. Er hinterließ ein sehr umfangreiches Werk, das etwa im Neuthomismus und der Neuscholastik bis in die heutige Zeit nachwirkt. In der römisch-katholischen Kirche wird er als Heiliger verehrt.

Feuerbach, Ludwig, (* 28. Juli 1804 in Landshut; † 13. September 1872 auf dem Rechenberg bei Nürnberg) war ein deutscher Philosoph und Anthropologe, dessen Religions- und Idealismuskritik bedeutenden Einfluss auf die Bewegung des Vormärz hatte und einen Erkenntnisstandpunkt formulierte, der für die modernen Humanwissenschaften, wie zum Beispiel die Psychologie und Ethnologie, grundlegend geworden ist.

Gmünder, Bruno, (* 29. Juni 1956 in Spaichingen) gehörte zur Gründergeneration der deutschen Schwulenbewegung und war bis 2011 Verleger des nach ihm benannten Bruno Gmünder Verlages.

Meisner, Kardinal Joachim, (* 25. Dezember 1933 in Breslau, Niederschlesien) ist emeritierter Erzbischof von Köln. Von 1980 bis 1989 war er Bischof von Berlin, von 1989 bis 2014 als Erzbischof von Köln auch Metropolit der Kölner Kirchenprovinz.

Moll, Helmut, (* 2. Juli 1944 in Euskirchen) ist ein deutscher römisch-katholischer Theologe, Exeget und Historiker.

Nyssen, Wilhelm, (* 19. April 1925; † 16. Juli 1994 in Köln) war ein katholischer Theologe, langjähriger Hochschulpfarrer und Honorarprofessor an der Universität zu Köln.

Paul VI., (bürgerlich *Giovanni Battista Enrico Antonio Maria Montini*; * 26. September 1897 in Concesio bei Brescia; † 6. August 1978 im päpstlichen Sommersitz Castel Gandolfo) war von 1963 bis 1978 nach kirchlicher Zählung der 262. Papst der römisch-katholischen Kirche. Wegen seiner prägenden Rolle für den Verlauf des Zweiten Vatikanischen Konzils, seiner Beschlussfassung und der Umsetzung der Entscheidungen gilt er manchen als eigentlicher „Konzilspapst".

Pieper, Joseph, (* 4. Mai 1904 in Elte (Rheine); † 6. November 1997 in Münster) war ein deutscher christlicher Philosoph des 20. Jahrhunderts.

Praunheim, Rosa von, (* 25. November 1942 in Riga, Lettland) ist ein deutscher Filmregisseur und gilt als wichtiger Vertreter des postmodernen deutschen Films. Er war vor allem mit seinem Dokumentarfilm von 1971 *Nicht der Homosexuelle ist pervers, sondern die Situation, in der er lebt* der öffentliche Wegbereiter und einer der Mitbegründer der politischen Schwulen- und Lesbenbewegung in der Bundesrepublik Deutschland.

Rahner, Karl, (* 5. März 1904 in Freiburg im Breisgau; † 30. März 1984 in Innsbruck) war ein deutscher katholischer Theologe. Karl Rahner gilt als einer der bedeutendsten Theologen des 20. Jahrhunderts. Er wirkte bahnbrechend für eine Öffnung der katholischen Theologie für das Denken des 20. Jahrhunderts und nahm mit seiner Theologie Einfluss auf das Zweite Vatikanische Konzil, an dessen Vorbereitung und Durchführung er als Sachverständiger mitarbeitete.

Scheeben, Mathias Joseph, (* 1. März 1835 in Meckenheim bei Bonn; † 21. Juli 1888 in Köln) war ein deutscher katholischer Theologe. Er wurde zu einem der am meisten geschätzten katholischen Theologen des 19. Jahrhunderts und wirkte mit seinem großen Werk bis ins 20. Jahrhundert.

Williamson, Richard Nelson, (* 8. März 1940 in London) ist ein britischer Vagantenbischof und war einer der vier Vagantenbischöfe der traditionalistischen Priesterbruderschaft St. Pius X. Die Aufhebung der Exkommunikation der vier Bischöfe der Piusbruderschaft, darunter Williamson, durch Papst Benedikt XVI. im Jahre 2009 löste Kontroversen auch innerhalb der römisch-katholischen Kirche aus, da Williamson wiederholt den Holocaust geleugnet hatte. Am 24. Oktober 2012 schloss die Bruderschaft ihn wegen Ungehorsams als Mitglied aus.

Begriffe

Albe Die Albe ist ein aus der antiken Tunika hervorgegangenes, knöchellanges Gewand aus weißem oder heute auch naturfarbenem Leinen. Mit Bezug auf die Alte Kirche und ihre Tradition symbolisiert die Albe das Taufgewand.

Desiderium naturale (lat. = natürliches Verlangen), ein Wort der katholischen Anthropologie und Gnadentheologie, das seit Thomas von Aquin das Hingeordnetsein des menschlichen Geistes auf die Anschauung Gottes bezeichnet.

kath.net kath.net ist ein in Österreich betriebenes privates Online-Magazin, das täglich Nachrichten aus der römisch-katholischen Kirche sowie eine Presseschau mit kirchlich relevanten Themen präsentiert. Es wurde im Jahr 1999 gegründet und vertritt einen konservativen theologischen und gesellschaftspolitischen Standpunkt.

kreuz.net kreuz.net war eine deutschsprachige, katholisch-traditionalistische Website mit religions- und kirchenbezogenen Texten. Sie verbreitete auch rechtsextreme, antisemitische, frauenfeindliche, homophobe, diffamierende und islamfeindliche Inhalte. Die Website existierte von 2004 bis Dezember 2012. Die anonymen Betreiber behaupteten, hauptamtliche Mitarbeiter der römisch-katholischen Kirche zu sein.

Missio canonica Die Missio canonica ist in der römisch-katholischen Kirche die Beauftragung mit Verkündigungs- und Lehraufgaben; spezifisch insbesondere zum einen der Seelsorgeauftrag für einen Priester, zum anderen die Erlaubnis zur Lehrbeauftragung als katholischer Religionslehrer an Schulen oder als Hochschul-

lehrer an theologischen Fakultäten. Mit dem Antrag auf Ertei-
lung der Missio canonica gibt der Religionslehrer das Versprechen ab, den Religionsunterricht in Übereinstimmung mit der
Lehre der katholischen Kirche zu erteilen. Gemäß dem Beschluss
der Synode der deutschen Bistümer von 1974 gilt für die Reli-
gionslehrkraft, dass sie „in der persönlichen Lebensführung die
Grundsätze der Lehre der katholischen Kirche" beachtet. Erwar-
tet wird die auf Taufe und Firmung gründende Bereitschaft, den
schulischen Dienst in christlicher Verantwortung zu übernehmen.
Bei Verheirateten werden die kirchliche Eheschließung und die
katholische Taufe der Kinder vorausgesetzt. Während des Vorbe-
reitungsdienstes (Referendariat) wird auf Antrag eine vorläufige
Unterrichtserlaubnis erteilt. Bei Kirchenaustritt wird die Missio
canonica entzogen. Fällt der Inhaber der Missio canonica vom
Glauben ab und verbreitet entgegen seinem Versprechen eine
Lehre, die nicht mit der der römisch-katholischen Kirche über-
einstimmt (Häresie), so wird ihm – nach einem entsprechenden
Lehrbeanstandungsverfahren – vom zuständigen Bischof die Missio canonica entzogen.

Modernismus Unter dem Schlagwort Modernismus fasste man in
der römisch-katholischen Kirche bis in die Zeit vor dem Zweiten Vatikanischen Konzil innerkirchliche Strömungen und wis-
senschaftliche Meinungen des 19. und frühen 20. Jahrhunderts
zusammen, die theologische Lehren mit dem jeweiligen Erkennt-
nisstand der modernen Wissenschaften und Philosophie in einer
Weise zu verbinden suchten, die Widersprüche zwischen katholi-
schem Glauben und modernem Weltbild aufheben und der kirchlichen Lehre den Anschluss an die Moderne ermöglichen sollte.

Neue Liturgie Neue Liturgie meint die vom Zweiten Vatikanischen
Konzil beschlossene und den Päpsten Paul VI. und Johannes Paul
II. durchgeführten umfassenden Erneuerung und Pflege der rö-
misch-katholischen Liturgie.

Päpstliche Thomasakademie Die Päpstliche Akademie des hl.
Thomas von Aquin ist eine Päpstliche Akademie mit Sitz in der

Vatikanstadt. Die Akademie widmet sich der Lehre und Forschung der Philosophie und Theologie des Thomas von Aquin (Thomismus).

Petrusbruderschaft Die Priesterbruderschaft Sankt Petrus (lat.: *Fraternitas Sacerdotalis Sancti Petri* FSSP) ist eine katholische Gesellschaft apostolischen Lebens von Klerikern unter päpstlichem Recht. Sie wurde 1988 als Reaktion auf die unerlaubten Bischofsweihen des Erzbischofs Marcel Lefebvre gegründet. Gründungsmitglieder waren Priester der von Lefebvre gegründeten Priesterbruderschaft St. Pius X. Der deutsche Distrikt der Bruderschaft hat seinen Sitz in Wigratzbad im Landkreis Lindau (Bodensee) im Westallgäu.

Piusbruderschaft Die Priesterbruderschaft St. Pius X. ist eine Priestervereinigung katholischer Traditionalisten. Sie wurde 1970 von Erzbischof Marcel Lefebvre gegründet, um an Riten und Lehren der römisch-katholischen Kirche festzuhalten, die das Zweite Vatikanische Konzil (1962–1965) aus seiner Sicht aufgegeben hatte. Sie lehnt Konzilsbeschlüsse wie die Öffnung zur Ökumene, Religionsfreiheit, Kollegialität der Bischöfe, Anerkennung des Judentums als Heilsweg (Nostra Aetate) sowie die auf Anordnung des Konzils durchgeführte Liturgiereform als „modernistisch" ab und strebt eine „Erneuerung des Priestertums" und „Verbreitung und Wiederherstellung der authentischen katholischen Lehre" an. Seit 1994 ist der von Lefebvre zum Bischof geweihte Bernard Fellay der Generalobere der Bruderschaft.

Seit 1975 hat die Piusbruderschaft keinen kirchenrechtlichen Status in der römisch-katholischen Kirche mehr und betreibt ohne Erlaubnis der jeweiligen Diözesanbischöfe Priesterseminare, Priorate und Kapellen. Im Jahr 1988 führten illegale Bischofsweihen zur Exkommunikation der vier geweihten und der zwei weihenden Bischöfe. Die Exkommunikation der vier Geweihten wurde – vergleichbar dem Vorgehen bei nicht genehmigten Priester- und Bischofsweihen in China – am 21. Januar 2009 von Papst Benedikt XVI. aufgehoben, nachdem sie zuvor in einem Schreiben den Primat des Papstes im Allgemeinen und des amtierenden Papstes im Besonderen anerkannt hatten und daher der Grund der 1988 ausgesprochenen Exkommunikation – die Bischofsweihe ohne Zustimmung des Papstes – nicht mehr existent war. Sie und die Priester der Bruderschaft sind weiterhin suspendiert und gelten nach römisch-katholischem Kirchenrecht als „vagante Kleriker", die zwar gültig, aber größtenteils in irregulärer Weise zum Priester geweiht wurden und ohne kirchliche Erlaubnis wirken.

Quaestio Disputata Die Bezeichnung Quaestio lässt sich aus dem Lateinischen ableiten und bedeutet: die Frage. Während der Scholastik war die unter dem Namen Quaestio stehende Methode eine verbreitete Form der wissenschaftlichen Auseinandersetzung. Als Ausgangsform jeden wissenschaftlichen Denkens war die Quaestio in Form der „quaestio disputata" (Disputation) neben der „lectio" (Vorlesung) im scholastisch bestimmten Mittelalter die übliche Lehr- und Lernmethode. Angelehnt an diese Methode ist eine entsprechende literarische Form, die Quaestiones, in der viele mittelalterliche Abhandlungen verfasst waren.

Die *Quaestio* diente zur Wiederholung und Vertiefung der *lectio* und gewann auf diese selbst einen steigenden Einfluss. Es gab je nach Lehrplan oder akademischem Rang der Beteiligten verschiedene Arten der *Quaestio*, deren Themen entweder festlagen, bestimmt wurden oder frei wählbar (*quaestio quodlibet* auch *quaestio quodlibetalis*) waren. Beteiligte waren der *Opponens* (Widersprechende) und der *Respondens* (Antwortende) unter der Leitung eines Mitgliedes des Lehrkörpers. Vielfach beteiligten sich auch die Zuhörer.

Tridentinisches Hochamt Als Tridentinische Messe oder Hochamt wird die Feier der Heiligen Messe im Römischen Ritus gemäß dem Messbuch von 1570 oder einer der nachfolgenden Ausgaben bis einschließlich der Editio typica von 1962 bezeichnet. Innerhalb der römisch-katholischen Kirche wird heute bei solchen tridentinischen Messfeiern allein letztere Fassung („1962er-Ritus") gebraucht, die die Liturgiereform durch die Päpste Pius XII. und Johannes XXIII. einschließt, die liturgischen Veränderungen unter Paul VI. jedoch nicht mitvollzieht. Die Bezeichnung „tridentinisch" leitet sich vom Konzil in Trient, dem *Concilium Tridentinum*, ab (Tridentinischer Ritus). Die Liturgie von 1962 gilt mit bisher wenigen Änderungen durch Papst Benedikt XVI. seit 2007 als außerordentliche Form des Römischen Ritus.

Textnachweise

Seite 26, 117: Bibelzitate aus: Die Bibel des Alten und Neuen Testaments, Einheitsübersetzung. Herder Verlag, Freiburg 1980

Seite 37: aus: Marsha Sinetar, Die Sehnsucht, ganz nah zu sein. Menschen, die das neue Leben mit Gott suchen. Herausgegeben und eingeleitet von Bernardin Schellenberger. Übersetzt von Jutta Vargas. © deutsche Übersetzung Verlag Herder GmbH, Freiburg i.Br. 1991, S. 215

Seite 46: aus: David Berger, Thomas von Aquin begegnen. Sankt Ulrich Verlag, Augsburg. www.sankt-ulrich-verlag.de

Seite 56: aus: Antoine de Saint-Exupéry, Romane Dokumente. © 1966 und 2002 Karl Rauch Verlag, Düsseldorf

Seite 62: aus: Arnold Stadler, Mein Hund, meine Sau, mein Leben. © Suhrkamp Verlag, Berlin 1996, S. 82, 83

Seite 69: aus: James B. Nelson, Embodiment: An Approach to Sexuality and Christian Theology. Augsburg Books, Minneapolis 1978, S. 18

Seite 87: David Berger, Ich darf nicht länger schweigen. Frankfurter Rundschau 23.4.2010. Rechte beim Autor

Seite 124: Textauszug aus Ernst Bloch, Das Prinzip Hoffnung, in: ders., Gesamtausgabe in 16 Bänden. Band 5. © Suhrkamp Verlag Frankfurt am Main 1959. Alle Rechte bei und vorbehalten durch den Suhrkamp Verlag Berlin.